清曲阜孔氏本孟子字義疏證

清　戴震撰

清乾隆曲阜孔氏微波榭刻《戴氏遺書》本

山東人民出版社·濟南

圖書在版編目（CIP）數據

清曲阜孔氏本孟子字義疏證 /（清）戴震撰 .— 濟南：山東人民出版社，2024.3
（儒典）
ISBN 978-7-209-14272-4

Ⅰ.①清… Ⅱ.①戴… Ⅲ.①《孟子》- 考證 Ⅳ.① B222.53

中國國家版本館 CIP 數據核字（2024）第 037141 號

項目統籌：胡長青
責任編輯：劉一星
裝幀設計：武　斌
項目完成：文化藝術編輯室

清曲阜孔氏本孟子字義疏證
〔清〕戴震撰

主管單位　山東出版傳媒股份有限公司
出版發行　山東人民出版社
出 版 人　胡長青
社　　址　濟南市市中區舜耕路517號
郵　　編　250003
電　　話　總編室（0531）82098914
　　　　　市場部（0531）82098027
網　　址　http://www.sd-book.com.cn
印　　裝　山東華立印務有限公司
經　　銷　新華書店

規　　格　16開（160mm×240mm）
印　　張　11.25
字　　數　90千字
版　　次　2024年3月第1版
印　　次　2024年3月第1次
ISBN 978-7-209-14272-4
定　　價　27.00圓

《儒典》選刊工作團隊

學術顧問　杜澤遜　李振聚　徐　泳

項目統籌　胡長青

責任編輯　劉　晨　劉嬌嬌　張艷艷

呂士遠　趙　菲　劉一星

前言

中國是一個文明古國、文化大國，中華文化源遠流長，博大精深。在中國歷史上影響較大的是孔子創立的儒家思想，因此整理儒家經典、注解儒家經典，爲儒家經典的現代化闡釋提供权威、典范、精粹的典籍文本，是推進中華優秀傳統文化創造性轉化、創新性發展的奠基性工作和重要任務。

中國經學史是中國學術史的核心，歷史上創造的文本方面和經解方面的輝煌成果，大量失傳了。西漢是經學的第一個興盛期，除了當時非主流的《詩經》毛傳以外，其他經師的注釋後來全部失傳了。東漢的經解祇有鄭玄、何休等少數人的著作留存下來，其餘也大都失傳了。南北朝至隋朝興盛的義疏之學，其成果僅有皇侃《論語疏》幸存於日本。五代時期精心校刻的《九經》、北宋時期國子監重刻的《九經》以及校刻的單疏本，也全部失傳。南宋國子監刻的單疏本，我國僅存《周易正義》、《爾雅疏》、《春秋公羊疏》（三十卷殘存七卷）、《春秋穀梁疏》（十二卷殘存七卷），日本保存了《尚書正義》、《毛詩正義》、《禮記正義》（七十卷殘存八卷）、《周禮疏》（日本傳抄本）、《春秋公羊疏》（日本傳抄本）、《春秋正義》（日本傳抄本）。南宋兩浙東路茶鹽司刻八行本，我國保存下來的有《周禮疏》、《禮記正義》、《春秋左傳正義》（紹興府刻）、《論語注疏解經》（二十卷殘存十卷）、《孟子注疏解經》（存臺北『故宫』），日本保存有《周易注疏》《尚書正義》（凡兩部，其中一部被清楊守敬購歸）。南宋福建刻十行本，我國僅存《春秋穀梁注疏》、《春秋左傳注疏》（六十卷，一半在大陸，一半在臺灣），日本保存有《毛詩注疏》《春秋左傳注疏》。從這些情況可以看出，經書代表性的早期注釋和早期版本國内失傳嚴重，有的僅保存在東鄰日本。

鑒於這樣的現實，一百多年來我國學術界、出版界努力搜集影印了多種珍貴版本，但是在系統性、全面性和準確性方面都還存在一定的差距。例如唐代開成石經共十二部經典，石碑在明代嘉靖年間地震中受到損害，明代萬曆初年西安府學等學校師生曾把損失的文字補刻在另外的小石上，立於唐碑之旁。近年影印出版唐石經拓本多次，都是以唐代石刻與明代補刻割裂配補的裱本爲底本。由於明代補刻采用的是唐碑的字形，這種配補本難以區分唐刻與明代補刻，不便使用，亟需單獨影印唐碑拓本。

爲把幸存於世的、具有代表性的早期經解成果以及早期經典文本收集起來，系統地影印出版，我們規劃了《儒典》編纂出版項目。

《儒典》出版後受到文化學術界廣泛關注和好評，爲了滿足廣大讀者的需求，現陸續出版平裝單行本。共收録一百十一種元典，共計三百九十七册，收録底本大體可分爲八個系列：經注本（以開成石經、宋刊本爲主。開成石經僅有經文，無注，但它是用經注本删去注文形成的）、經注附釋文本、纂圖互注本、單疏本、八行本、十行本、宋元人經注系列、明清人經注系列。

《儒典》是王志民、杜澤遜先生主編的。本次出版單行本，特請杜澤遜、李振聚、徐泳先生幫助酌定選目。

特此説明。

二〇二四年二月二十八日

目録

序

戴氏遺書之九

余少讀論語端木氏之言曰夫子之文章可得而聞也夫子之言性與天道不得而聞也讀易乃知言性與天道在是周道衰堯舜禹湯文武周公致治之法煥乎有文章者棄爲陳迹孔子既不得位不能垂諸制度禮樂是以爲之正本溯源使人於千百世治亂之故制度禮樂因革之宜如持權衡以御輕重如規矩準繩之於方圜平直言似高遠而不得不言自孔子言之寔言前聖所未言微孔子孰從而聞之故曰不可得而聞是後私智穿鑿者亦警於亂世或以其道全身而遠禍或以其

道能誘人心有治無亂而謬在大本舉一廢百意非不善其言祇足以賊道孟子於是不能已於與辯當是時羣共稱孟子好辯矣孟子之書有曰我知言曰遊於聖人之門者難爲言蓋言之謬非終於言也將轉移人心心受其蔽必害於事害於政彼目之曰小人之害天下後世也顯而共見目之曰賢智君子之害天下後世也相率趨之以爲美言其入人心深禍斯民也大而終莫之或寤辯惡可已哉孟子辯楊墨後人習聞楊墨老莊佛之言且以其言汩亂孟子之言是又後乎孟子者之不可已也苟吾不能知之亦已矣吾知之而不言是不

忠也是對古聖人賢人而自負其學對天下後世之仁人而自遠於仁也吾用是懼述孟子字義疏證三卷韓退之氏曰道於楊墨老莊佛之學而欲之聖人之道猶航斷港絶潢以望至於海也故求觀聖人之道必自孟子始嗚呼不可易矣休寧戴震

仁義禮智二條

誠二條

權五條

孟子字義疏證卷上

理

理者察之而幾微必區以別之名也是故謂之分理在物之質曰肌理曰腠理曰文理亦曰文縷理縷語之轉耳得其分則有條而不紊謂之條理孟子稱孔子之謂集大成曰始條理者智之事也終條理者聖之事也聖智至孔子而極其盛不過舉條理以言之而已矣易曰易簡而天下之理得自乾坤言故不曰仁智而曰易簡以易知知一於仁愛平恕也以簡能能一於行所無事也易則易知易知則有親有親則可久可久則賢人之德若是者仁

也簡則易從易從則有功有功則可大可大則賢人之業若是者智也天下事情條分縷晰以仁且智當之豈或爽失幾微哉中庸曰文理密察足以有別也樂記曰樂者通倫理者也鄭康成注云理分也許叔重說文解字序曰知分理之可相別異也古人所謂理未有如後儒之所謂理者矣

問古人之言天理何謂也曰理也者情之不爽失也未有情不得而理得者也凡有所施于人反躬而靜思之人以此施于我能受之乎凡有所責于人反躬而靜思之人以此責于我能盡之乎以我絜之人則理明天理

云者言乎自然之分理也自然之分理以我之情絜人之情而無不得其平是也樂記曰人生而靜天之性也感于物而動性之欲也物至知知然後好惡形焉好惡無節于內知誘于外不能反躬天理滅矣滅者滅沒不見也又曰夫物之感人無窮而人之好惡無節則是物至而人化物也人化物也者滅天理而窮人欲者也于是有悖逆詐僞之心有淫泆作亂之事是故强者脅弱衆者暴寡知者詐愚勇者苦怯疾病不養老幼孤獨不得其所此大亂之道也誠以弱寡愚怯與夫疾病老幼孤獨反躬而思其情人豈異于我蓋方其靜也未感于

物其血氣心知湛然無有失揚雄方言曰湛安也郭璞注云湛然安貌故曰天之性及其感而動則欲出于性一人之欲天下人之之同欲也故曰性之欲好惡既形遂已之好惡忘人之好惡往往賊人以逞欲反躬者以人之逞其欲思身受之之情也情得其平是爲好惡之節是爲依乎天理莊子庖丁爲文惠君解牛自言依乎天理批大郤導大窾因其固然技經肯綮之未嘗而況大軱乎天理卽其所謂彼節者有間而刀刃者無厚以無厚入有間適如其天然之分理也古人所謂天理未有如後儒之所謂天理者矣

問以情絜情而無爽失于行事誠得其理矣情與理之名何以異曰在己與人皆謂之情無過情無不及情之

謂理詩曰天生烝民有物有則民之秉彝好是懿德孔子曰作此詩者其知道乎孟子申之曰故有物必有則民之秉彝也故好是懿德以秉持爲經常曰則以各如其區分曰理以寔之于言行曰懿德物者事也語其事不出乎日用飲食而已矣舍是而言理非古賢聖所謂理也

問孟子云心之所同然者謂理也義也聖人先得我心之所同然耳是理又以心言何也曰心之所同然始謂之理謂之義則未至于同然存乎其人之意見非理也非義也凡一人以爲然天下萬世皆曰是不可易也此

之謂同然舉理以見心能區分舉義以見心能裁斷分之各有其不易之則名曰理如斯而宜名曰義是故明理者明其區分也精義者精其裁斷也不明往往界于疑似而生惑不精往往雜于偏私而害道求理義而智不足者也故不可謂之理義自非聖人鮮能無蔽有蔽之深有蔽之淺者人莫患乎蔽而自智任其意見執之爲理義吾懼求理義者以意見當之孰知民受其禍之所終極也哉

問宋以來儒書之言以理爲如有物焉得于天而具于心朱子語錄云理無心則無著處又云凡物有心而其中必虛人心亦然止這些虛處便包藏許多道理推

廣得來蓋天蓋地莫不由此此所以爲人心之好歟理在人心是謂之性心是神明之舍爲一身之主宰性便是許多道理得之天而具於心者今釋孟子乃曰一人以爲然天下萬世皆曰是不可易也此之謂同然是心之明能於事情不爽失使無過情無不及情之謂理非如有物焉具於心矣又以未至於同然存乎其人之意見不可謂之理義在孟子言聖人先得我心之同然固未嘗輕以許人是聖人始能得理然人莫不有家進而國事進而天下豈待聖智而後行事歟曰六經孔孟之言以及傳記羣籍理字不多見今雖至愚之人悖戾恣睢其處斷一事責詰一人莫不輙曰理者自宋以來始相習成俗則以

理爲如有物焉得于天而具于心因以心之意見當之也于是負其氣挾其勢位加以口給者理伸力弱氣慴口不能道辭者理屈嗚呼其孰謂以此制事以此制人之非理哉即其人廉潔自持心無私慝而至于處斷一事責詰一人憑在巳之意見是其所是而非其所非方自信嚴氣正性嫉惡如讎而不知事情之難得是非之易失于偏往往人受其禍巳且終身不寤或事後乃明悔巳無及嗚呼其孰謂以此制事以此治人之非理哉天下智者少而愚者多以其心知明于衆人則共推之爲智其去聖人甚遠也以衆人與其所共推爲智者較

其得理則衆人之蔽必多以衆所共推爲智者與聖人較其得理則聖人然後無蔽凡事至而心應之其斷于心輒曰理如是古賢聖未嘗以爲理也不惟古賢聖未嘗以爲理昔之人異于今人之一啟口而曰理其亦不以爲理也昔人知在已之意見不可以理名而今人輕言之夫以理爲如有物焉得于天而具于心未有不以意見當之者也今使人任其意見則謬使人自求其情則得子貢問曰有一言而可以終身行之者乎子曰其恕乎已所不欲勿施于人大學言治國平天下不過曰所惡于上毋以使下所惡于下毋以事上以位之卑尊

言也所惡於前毋以先後所惡於後毋以從前以長于我與我長言也所惡於右毋以交於左所惡於左毋以交於右以等於我言也曰所不欲曰所惡不過人之常情不言理而理盡于此惟以情絜情故其於事也非心出一意見以處之苟舍情求理其所謂理無非意見也未有任其意見而不禍斯民者

問以意見爲理自宋以來莫敢致斥者謂理在人心故也今曰理在事情於心之所同然洵無可疑矣孟子舉以見人性之善其說可得聞歟曰孟子言口之於味也有同耆焉耳之於聲也有同聽焉目之於色也有同美

焉至於心獨無所同然乎明理義之悅心猶味之悅口聲之悅耳色之悅目之爲性味也聲也色也在物而接於我之血氣理義在事而接於我之心知血氣心知有自具之能口能辨味耳能辨聲目能辨色心能辨夫理義味與聲色在物不在我接于我之血氣能辨之而悅之其悅者必其尤美者也理義在事情之條分縷析接于我之心知能辨之而悅之其悅者必其至是者也子產言人生始化曰魄既生魄陽曰魂曾子言陽之精氣曰神陰之精氣曰靈神靈者品物之本也蓋耳之能聽目之能視鼻之能臭口之知味魄之爲也所謂靈也陰

主受者也心之精爽有思輒通魂之爲也所謂神也陽主施者也主施者斷主受者聽故孟子曰耳目之官不思心之官則思是思者心之能也精爽有蔽隔而不能通之時及其無蔽隔無弗通乃以神明稱之凡血氣之屬皆有精爽其心之精爽鉅細不同如火光之照物光小者其照也近所照者不謬也所不照所疑謬承之不謬之謂得理其光大者其照也遠得理多而失理少且不特遠近也光之及又有明闇故于物有察有不察察者盡其寔不察斯疑謬承之疑謬之謂失理失理者限于質之昧所謂愚也惟學可以增益其不足而進于智

益之不已至乎其極如日月有明容光必照則聖人矣此中庸雖愚必明孟子擴而充之之謂聖人神明之盛也其于事靡不得理斯仁義禮智全矣故理義非他所照所察者之不謬也何以不謬心之神明也人之異于禽獸者雖同有精爽而人能進于神明也理義豈別若一物求之所照所察之外而人之精爽能進于神明豈求諸氣稟之外哉

問後儒以人之有嗜欲出於氣稟而理者別于氣稟者也今謂心之精爽學以擴充之進于神明則于事靡不得理是求理于氣稟之外者非矣孟子專舉理義以明

性善何也曰古人言性但以氣稟言未嘗明言理義爲性蓋不待言而可知也至孟子時異說紛起以理義爲聖人治天下具設此一法以強之從害道之言皆由外理義而生人徒知耳之于聲目之于色鼻之于臭口之于味之爲性而不知心之于理義亦猶耳目鼻口之于聲色臭味也故曰至于心獨無所同然乎蓋就其所知以證明其所不知舉聲色臭味之欲歸之耳目鼻口舉理義之好歸之心皆內也非外也比而合之以解天下之惑俾曉然無疑于理義之爲性害道之言庶幾可以息矣孟子明人心之通于理義與耳目鼻口之通于聲

色臭味咸根諸性非由後起後儒見孟子言性則曰理義則曰仁義禮智不得其説遂于氣禀之外增一理義之性歸之孟子矣

問聲色臭味之欲亦宜根于心今專以理義之好爲根于心于好是懿德固然矣抑聲色臭味之欲徒根于耳目鼻口歟心君乎百體者也百體之能皆心之能也豈耳悅聲目悅色鼻悅臭口悅味非心悅之乎曰否心能使耳目鼻口不能代耳目鼻口之能彼其能者各自具也故不能相爲人物受形于天地故恒與之相通盈天地之間有聲也有色也有臭也有味也舉聲色臭味則

盈天地間者無或遺矣外內相通其開竅也是爲耳目鼻口五行有生尅生則相得尅則相逆血氣之得其養失其養繫焉資于外足以養其內此皆陰陽五行之所爲外之盈天地之間內之備于吾身外內相得無間而養道備民之質矣日用飲食自古及今以爲道之經也血氣各資以養而開竅于耳目鼻口以通之既于是通故各成其能而分職司之孔子曰少之時血氣未定戒之在色及其長也血氣方剛戒之在鬬及其老也血氣既衰戒之在得血氣之所爲不一舉凡身之嗜欲根于氣血明矣非根于心也孟子曰理義之悅我心猶芻豢

之悅我口非喻言也凡人行一事有當于理義其心氣必暢然自得悖于理義心氣必沮喪自失以此見心之于理義一同乎血氣之于嗜欲皆性使然耳耳目鼻口之官臣道也心之官君道也臣效其能而君正其可否理義非他可否之而當是謂理義然又非心出一意以可否之也若心出一意以可否之何異强制之乎是故就事物言非事物之外別有理義也有物必有則以其則正其物如是而已矣就人心言非別有理以予之而具于心也心之神明於事物咸足以知其不易之則譬有光皆能照而中理者乃其光盛其照不謬也

問學者多識前言往行可以增益已之所不足宋儒謂理得于天而藏于心殆因問學之得于古賢聖而藏于心比類以爲說歟曰人之血氣心知本乎陰陽五行者性也如血氣資飲食以養其化也即爲我之血氣非復所飲食之物矣心知之資于問學其自得之也亦然以血氣言昔者弱而今者强是血氣之得其養也以心知言昔者狹小而今也廣大昔者闇昧而今也明察是心知之得其養也故曰雖愚必明人之血氣心知其天定者往往不齊得養不得養遂至于大異苟知問學猶飲食則貴其化不貴其不化記問之學入而不化者也自

得之則居之安資之深取之左右逢其源我之心知極而至乎聖人之神明矣神明者猶然心也非心自心而所得者藏于中之謂也心自心而所得者藏于中以之言學尚爲物而不化之學况以之言性乎

問宋以來之言理也其說爲不出于理則出于欲不出于欲則出于理故辨乎理欲之界以爲君子小人于此焉分今以情之不爽失爲理是理者存乎欲者也然則無欲亦非歟曰孟子言養心莫善于寡欲明乎欲不可無也寡之而已人之生也莫病於無以遂其生欲遂其生亦遂人之生仁也欲遂其生至于戕人之生而不顧

者不仁也不仁實始於欲遂其生之心使其無此欲必無不仁矣然使其無此欲則於天下之人生道窮促亦將漠然視之已不必遂其生而遂人之生無是情也然則謂不出于正則出于邪不出于邪則出于正可也謂不出于理則出于欲不出于欲則出于理不可也欲其物理其則也不出于邪而出于正猶往往有意見之偏未能得理而宋以來之言理欲也徒以爲正邪之辨而已矣不出于邪而出于正則謂以理應事矣理與事分爲二而與意見合爲一是以害事夫事至而應者心也心有所蔽則于事情未之能得又安能得理乎自老氏貴

于抱一貴于無欲莊周書則曰聖人之靜也非曰靜也善故靜也萬物無足以撓心者故靜也水靜猶明而況精神聖人之心靜乎夫虛靜恬淡寂寞無爲者天地之平而道德之至周子通書曰聖可學乎曰可有要乎曰有請問焉曰一爲要一者無欲也無欲則靜虛動直靜虛則明明則通動直則公公則溥明通公溥庶矣哉此即老莊釋氏之說朱子亦屢言人欲所蔽皆以爲無欲則無蔽非中庸雖愚必明之道也有生而愚者雖無欲亦愚也凡出于欲無非以生以養之事欲之失爲私不爲蔽自以爲得理而所執之實謬乃蔽而不明天下古

今之人其大患私與蔽二端而已私生于欲之失蔽生于知之失欲生于血氣知生于心因私而咎欲因欲而咎血氣因蔽而咎知因知而咎老氏所以言常使民無知無欲彼自外其形骸貴其真宰後之釋氏其論說似異而實同宋儒出入於老釋程叔子撰明道先生行狀云自十五六時聞周茂叔論道遂厭科舉之業慨然有求道之志泛濫于諸家出入于老釋者幾十年返求諸六經然後得之呂與叔撰橫渠先生行狀云范文正公勸讀中庸先生讀其書雖愛之猶以爲未足又訪諸釋老之書累年盡究其說知無所得返而求之六經朱子語類廖德明錄癸巳所聞先生言二三年前見得此事尚鶻突爲他佛說得相似近年來方看得分曉考朱子慕禪學在十五六時年二十四見李愿中教以看聖賢言語而其後復入于釋氏至癸巳年四十四矣故雜乎老釋之言以爲言詩曰民之質矣日

用飲食記曰飲食男女人之大欲存焉聖人治天下體
民之情遂民之欲而王道備人知老莊釋氏異于聖人
聞其無欲之說猶未之信也於宋儒則信以爲同於聖
人理欲之分人人能言之故今之治人者視古賢聖體
民之情遂民之欲多出於鄙細隱曲不措諸意不足爲
怪而及其責以理也不難舉曠世之高節著于義而罪
之尊者以理責卑長者以理責幼貴者以理責賤雖失
謂之順卑者幼者賤者以理爭之雖得謂之逆於是下
之人不能以天下之同情天下所同欲達之於上上以
理責其下而在下之罪人人不勝指數人死於法猶有

憐之者死於理其誰憐之嗚呼雜乎老釋之言以爲言其禍甚於申韓如是也六經孔孟之書豈嘗以理爲如有物焉外乎人之性之發爲情欲者而強制之也哉孟子告齊梁之君曰與民同樂曰省刑罰薄稅歛曰必使仰足以事父母俯足以畜妻子曰居者有積倉行者有裹囊曰內無怨女外無曠夫仁政如是王道如是而已矣

問樂記言滅天理而窮人欲其言有似於以理欲爲邪正之別何也曰性譬則水也欲譬則水之流也節而不過則爲依乎天理爲相生養之道譬則水由地中行也

窮人欲而至於有悖逆詐僞之心有淫泆作亂之事譬則洪水橫流汎濫于中國也聖人教之反躬以己之加于人設人如是加於己而思躬受之之情譬則禹之行水行其所無事非惡泛濫而塞其流也惡汎濫而塞其流其立說之工者且直絕其源是遏欲無欲之喻也口之於味也目之於色也耳之於聲也鼻之於臭也四肢之於安佚也此後儒視爲人欲之私者而孟子曰性也繼之曰有命焉命者限制之名如命之東則不得而西言性之欲之不可無節也節而不過則依乎天理非以天理爲正人欲爲邪也天理者節其欲而不窮人欲也

是故欲不可窮非不可有有而節之使無過情無不及情可謂之非天理乎

問中庸言君子戒慎乎其所不睹恐懼乎其所不聞言君子必慎其獨後儒因有存理遏欲之說今曰欲譬則水之流則流固不可塞誠使水由地中行斯無往不得其自然之分理存此意以遏其汎濫於義未爲不可通然中庸之言不徒治之於汎濫也其意可得聞歟曰所謂戒慎恐懼者以敬肆言也凡對人者接于目而睹則戒慎其儀容接于耳而聞則恐懼有愆謬君子雖未對人亦如是蓋敬而不敢少肆也篇末云君子不動而敬

不言而信是也所謂慎獨者以邪正言也凡有所行端皆起于志意如見之端起于隱顯之端起于微其志意旣動人不見也篇末云君子內省不疚無惡于志君子之所不可及者其唯人之所不見乎是也葢方未應事則敬肆分事至而動則邪正分敬者恒自檢柙肆則反是正者不牽于私邪則反是必敬必正而意見或偏猶未能語于得理雖智足以得理而不敬則多疏失不正則盡虛僞三者一虞于疏一嚴于僞一患于偏各有所取也

問自宋以來謂理得于天而具于心旣以爲人所同得

故于智愚之不齊歸諸氣禀而敬肆邪正槩以寔其理欲之說老氏之抱一無欲釋氏之常惺惺彼所指者曰真宰曰真空莊子云若有真宰而特不得其朕釋氏書云即此識情便是真空妙智又云真空則能攝衆有而應變又云湛然常寂應用無方用而常空空而常用用而不有即是真空空而不無即成妙有而易以理字便爲聖學既以理爲得於天故又創理氣之說譬之二物渾淪朱子語錄云理與氣決是二物但在物上看則二物渾淪不可分開各在一處然不害二物之各爲一物也於理極其形容指之曰淨潔空闊問先有理後有氣之說朱子曰不消如此說而今知他合下先是有理後有氣邪後有理先有氣邪皆不可得而推究然以意度之則疑此氣是依傍道理行及此氣之聚則理亦在焉蓋氣則能凝結造作理卻無情意無制度無造作止此氣凝聚處理便在其中且如天地間人物草木禽獸其生也莫不有種定不會無種了白地

生出一個物事這個都是氣若理則止是個淨潔空闊底世界無形迹他卻不會造作氣則能醞釀凝聚生物也不過就老莊釋氏所謂眞宰眞空者轉之以言夫理就老莊釋氏之言轉而爲六經孔孟之言今何以剖別之使截然不相淆惑歟曰天地人物事爲不聞無可言之理者也詩曰有物有則是也物者指其實體實事之名則者稱其純粹中正之名實體實事罔非自然而歸於必然天地人物事爲之理得矣夫天地之大人物之蕃事爲之委曲條分苟得其理矣如直者之中懸平者之中水圓者之中規方者之中矩然後推諸天下萬世而準易稱先天而天弗違後天而奉天時天且弗違而

況於人乎況于鬼神乎中庸稱考諸三王而不謬建諸天地而不悖質諸鬼神而無疑百世以俟聖人而不惑夫如是是爲得理是爲心之所同然孟子曰規矩方圓之至也聖人人倫之至也語天地而精言其理猶語聖人而言乎其可法耳尊是理而謂天地陰陽不足以當之必非天地陰陽之理則可天地陰陽之理猶聖人之聖也尊其聖而謂聖人不足以當之可乎哉聖人亦人也以盡乎人之理羣共推爲聖智盡乎人之理非他人倫日用盡乎其必然而已矣推而極于不可易之爲必然乃語其至非原其本後儒從而過求徒以語其至者

之意言思議視如有物謂與氣渾淪而成聞之者習焉不察莫知其異于六經孔孟之言也舉凡天地人物事爲求其必然不可易理至明顯也從而尊大之不徒曰天地人物事爲之理而轉其語曰理無不在視之如有物焉將使學者皓首茫然求其物不得非六經孔孟之言難知也傳注相承童而習之不復致思也

問宋儒以理爲如有物焉得于天而具于心人之生也由氣之凝結生聚而理則湊泊附著之【朱子云人之所以生理與氣合而已天理固浩浩不窮然非是氣則有是理而無所湊泊故必二氣交感凝結生聚然後是理有所附著】因以此爲完全自足【程子云聖賢論天德蓋自家元是天然完全自足之物若無所污壞卽當

直而行之若少有汚壞即敬以治之使復如舊如是則無待於學然見於古賢聖之論學與老莊釋氏之廢學截然殊致因謂理爲形氣所汚壞故學焉以復其初朱子於論語首章於大學在明明德皆以復其初爲言復其初之云見莊周書莊子繕性篇云繕性於俗學以求復其初滑欲于俗知以求致其明謂之蔽蒙之民又云文滅質博溺心然後民始惑亂無以返其性情而復其初蓋其所謂理即如釋氏所謂本來面目而其所謂存理亦即如釋氏所謂常惺惺釋氏書云不思善不思惡時認本來面目上蔡謝氏曰敬是常惺惺法王文成觧大學格物致知主扞禦外物之說其言曰本來面目即吾聖門所謂良知隨物而格是致知之功豈宋以來儒者其說盡援儒以入釋歟曰老莊釋氏以其所謂眞宰眞空者爲完全自足然不能謂天下之人有善

而無惡有智而無愚也因舉善與智而毀訾之老氏云
絕學無憂唯之與阿相去幾何善之與惡相去何若又
云以智治國國之賊不以智治國國之福又云古之善
爲道者非以明民將以愚之彼蓋以無欲而靜則超乎
善惡之上智乃不如愚故直云絕學又生絕聖棄智絕
仁棄義此一說也荀子以禮義生于聖心常人學然後
能明於禮義若順其自然則生爭奪弗學而能乃屬之
性學而後能不得屬之性故謂性惡而其於孟子言性
善也辯之曰性善則去聖王息禮義矣性惡則與聖王
貴禮義矣此又一說也荀子習聞當時雜乎老莊告子

之說者廢學毀禮義而不達孟子性善之旨以禮義爲聖人教天下制其性使不至爭奪而不知禮義之所由名老莊告子及後之釋氏乃言如荀子所謂去聖王息禮義耳程子朱子謂氣禀之外天與之以理非生知安行之聖人未有不汚壞其受於天之理者也學而後此理漸明復其初之所受是天下之人雖有所受于天之理而皆不殊於無有此又一說也今富者遺其子粟千鍾貧者無升斗之遺貧者之子取之宫中無有因日以其力致升斗之粟富者之子亦必如彼之日以其力致之而曰所致者即其宫中者也說必不可通故詳於論

敬而略於論學如程子云敬以治之使復如舊而不及學朱子於中庸致中和猶以爲戒懼慎獨陸子靜王文成諸人推本老莊釋氏之所謂眞宰眞空者以爲即全乎聖智仁義即全乎理陸子靜云收拾精神自作主宰萬物皆備於我何有欠闕當惻隱時自然惻隱當羞惡時自然羞惡當寬裕溫柔時自然寬裕溫柔當發强剛毅時自然發强剛毅王文成云聖人致知之功至誠無息其良知之體皦如明鏡妍媸之來隨物現形而明鏡曾無所留染所謂情順萬事而無情也無所住以生其心佛氏曾有是言未爲非也明鏡之應妍者妍媸者媸一照而皆眞即是生其心處妍者妍媸者媸一過而不留即無所住處此又一說也程子朱子就老莊釋氏所指者轉其說以言夫理非援儒而入釋誤以釋氏之言雜入於儒耳陸子靜王文成諸人就老莊釋氏所指者即以理實之是乃援儒以入於釋

者也試以人之形體與人之德性比而論之形體始乎幼小終乎長大德性始乎蒙昧終乎聖智其形體之長大也資於飲食之養乃長日加益非復其初德性資於學問進而聖智非復其初明矣人物以類區分而人所稟受其氣清明異於禽獸之不可開通然人與人較其材質等差凡幾古賢聖知人之材質有等差是以重問學貴擴充老莊釋氏謂有生皆同故主於去情欲以勿害之不必問學以擴充之在老莊釋氏既守己自足矣因毀訾仁義以伸其說荀子謂常人之性學然後知禮義其說亦足以伸陸子靜王文成諸人同於老莊釋氏

而改其毁訾仁義者以爲自然全乎仁義巧於伸其說者也程子朱子尊理而以爲天與我猶荀子尊禮義以爲聖人與我也謂理爲形氣所汚壞是聖人而下形氣皆大不美即荀子性惡之說也而其所謂理别爲湊泊附著之一物猶老莊釋氏所謂眞宰眞空之湊泊附著於形體也理既完全自足難于言學以明理故不得不分理氣爲二本而咎形氣蓋其說雜糅傅合而成令學者眩惑其中雖六經孔孟之言具在咸習非勝是不復求通嗚呼吾何敢默而息乎

問程伯子之出入於老釋者幾十年返求諸六經然後

得之見叔子所撰行狀而朱子年四十內外猶馳心空妙其後有答汪尚書書言熹於釋氏之說蓋嘗師其人尊其道求之亦切至矣然未能有得其後以先生君子之教校乎前後緩急之序於是暫置其說而從事於吾學其始蓋未嘗一日不往來于心也以爲俟卒究吾說而後求之未爲甚晚而一二年來心獨有所自安雖未能卽有諸已然欲復求之外學以遂其初心不可得矣程朱雖從事釋氏甚久然終能覺其非矣而又未合於六經孔孟則其學何學歟曰程子朱子其出入于老釋皆以求道也使見其道爲是雖人以爲非而不顧其初

非背六經孔孟而信彼也於此不得其解而見彼之捐棄物欲返觀內照近於切已體察爲之亦能使思慮漸清因而冀得之爲衡事物之本然極其致所謂明心見性還其神之本體者即本體得矣以爲如此便足無欠闕矣實動輒差謬在老莊釋氏固不論差謬與否而程子朱子求道之心久之知其不可恃以衡鑒事物故終謂其非也夫人之異于物者人能明于必然百物之生各遂其自然也老氏言致虛極守靜篤言道法自然釋氏亦不出此皆起于自私使其神離形體而長存老氏言長生久視以死爲返其真所謂長生者形化而神長存也釋氏言不生不滅所謂不生者不受形而生也不滅者

卽其神長存也其所謂性所謂道專主所謂神者爲言邵子云道與一神之强名也又云神無方而性有質又云性者道之形體心者性之郛郭又云人之神卽天地之神合其言觀之得于老莊最深所謂道者指天地之神無方也所謂性者指人之神有質也故曰道之形體邵子又云神統于心氣統于腎形統于首形氣交而神主乎其中三才之道也此顯指神宅於心故曰心者性之郛郭邵子又云氣則養性性則乘氣故氣存則性存性動則氣動也此顯指神乘乎氣而資氣以養王文成云夫良知一也以其妙用而言謂之神以其流行而言謂之氣立說亦同又卽導養家所云神之炯炯而不昧者爲性氣之絪緼而不

息者爲命朱子於其指神爲道指神爲性者皆轉以言夫理張子云由太虛有天之名由氣化有道之名合虛與氣有性之名合性知覺有心之名其所謂虛六經孔孟無是言也張子又云神者太虛妙應之目又云天之不測謂神神而有常謂天又云神天德化天道是其曰虛曰天不離乎所謂神者彼老莊釋氏之自貴其神亦以爲妙應爲冲虛爲足乎天德矣如云性周法界净智圓妙體自空寂張子又云氣有陰陽推行有漸爲化合一不測爲神斯言也蓋得之矣試驗諸人物耳目百體會歸于心心者合一不測之神也天地間百物生生無非推本陰陽易曰精氣

爲物曾子曰陽之精氣曰神陰之精氣曰靈神靈者品物之本也因其神靈故不徒曰氣而稱之曰精氣老莊釋氏之謬乃於此岐而分之內其神而外形體徒以形體爲傳舍以舉凡血氣之欲君臣之義父子昆弟夫婦之親悉起于有形體以後而神至虛靜無欲無爲在老莊釋氏徒見于自然故以神爲已足程子朱子見于六經孔孟之言理義歸于必然不可易非老莊釋氏所能及因尊之以當其所謂神者爲生陽生陰之本而別于陰陽爲人物之性而別于氣質反指孔孟所謂道者非道所謂性者非性獨張子之說可以分別錄之如言由

氣化有道之名言化天道言推行有漸爲化合一不測爲神此數語者聖人復起無以易也張子見於必然之爲理故不徒曰神而曰神而有常誠如是言不以理爲別如一物於六經孔孟近矣就天地言之化其生生也神其主宰也不可岐而分也故言化則賅神言神亦賅化由化以知神由化與神以知德德也者天地之中正也就人言之有血氣則有心知有心知雖自聖人而下明昧各殊皆可學以牖其昧而進于明天之生物也使之一本而以性專屬之神則視形體爲假合以性專屬之理則苟非生知之聖人不得不咎其氣質皆二本故

也老莊釋氏尊其神爲超乎陰陽氣化此尊理爲超乎陰陽氣化朱子荅呂子約書曰陰陽也君臣父子也皆事物也人之所行也形而下者也萬象紛羅者也是數者各有當然之理卽所謂道也當行之路也形而上者也冲漠無朕者也然則易曰立天之道曰陰與陽中庸曰君臣也父子也夫婦也昆弟也朋友之交也五者天下之達道也皆僅及事物而卽謂之道豈聖賢之立言不若朱子言之辨析歟聖人順其血氣之欲則爲相生養之道於是視人猶已則忠以已推之則恕憂樂於人則仁出於正不出於邪則義恭敬不侮慢則禮無差謬

之失則智曰忠恕曰仁義禮智豈有他哉常人之欲縱之至於邪僻至于争奪作亂聖人之欲無非懿德欲同也善不善之殊致若此欲者血氣之自然其好是懿德也心知之自然此孟子所以言性善心知之自然未有不悅理義者未能盡得理合義耳由血氣之自然而審察之以知其必然是之謂理義自然之與必然非二事也就其自然明之盡而無幾微之失焉是其必然也如是而後無憾如是而後安是乃自然之極則若任其自然而流于失轉喪其自然而非自然也故歸于必然適完其自然夫人之生也血氣心知而已矣老莊釋氏見

常人任其血氣之自然之不可而靜以養其心知之自然於心知之自然謂之性血氣之自然謂之欲說雖巧變要不過分血氣心知爲二本荀子見常人之心知而以禮義爲聖心見常人任其血氣心知之自然之不可而進以禮義之必然于血氣心知之自然謂之性于禮義之必然謂之教合血氣心知爲一本矣而不得禮義之本程子朱子見常人任其血氣心知之自然之不可而進以理之必然於血氣心知之自然謂之氣質于理之必然爲之性亦合血氣心知爲一本矣而更增一本分血氣心知爲二本者程子斥之曰異端本心而其增

一本也則曰吾儒本天如其說是心之爲心人也非天也性之爲性天也非人也以天別於人實以性爲別於人也人之爲人性之爲性判若彼此自程子朱子始告子言以人性爲仁義猶以杞柳爲桮棬孟子必辨之爲其戕賊一物而爲之也況判若彼此豈有不戕賊者哉蓋程子朱子之學借階于老莊釋氏故僅以理之一字易其所謂眞宰眞空者而餘無所易其學非出于荀子而偶與荀子合故彼以爲惡者此亦咎之彼以爲出於聖人者此以爲出於天出於天與出於聖人豈有異乎天下惟一本無所外有血氣則有心知有心知則學以

進於神明一本然也有血氣心知則發乎血氣心知之自然者明之盡使無幾微之失斯無往非仁義一本然也荀岐而二之未有不外其一者六經孔孟而下有荀子矣有老莊釋氏矣然六經孔孟之道猶在也自宋儒雜荀子及老莊釋氏以入六經孔孟之書學者莫知其非而六經孔孟之道亡矣

孟子字義疏證卷中

天道

道猶行也氣化流行生生不息是故謂之道易曰一陰一陽之謂道洪範五行一曰水二曰火三曰木四曰金五曰土行亦道之通稱詩載馳女子善懷亦各有行毛傳云行道也竹竿女子有行遠兄弟父母鄭箋云行道也舉陰陽則賅五行陰陽各具五行也舉五行卽賅陰陽五行各有陰陽也大戴禮記曰分於道謂之命形於一謂之性言分於陰陽五行以有人物而人物各限於所分以成其性陰陽五行道之實體也血氣心知性之實體也有實體故可分惟分也故不齊古人

言性惟本於天道如是

問易曰形而上者謂之道形而下者謂之器程子云惟此語截得上下最分明元來止此是道要在人默而識之後儒言道多得之此朱子云陰陽氣也形而下者也所以一陰一陽者理也形而上者也道卽理之謂也朱子此言以道之稱惟理足以當之今但曰氣化流行生生不息乃程朱所目爲形而下者其說據易之言以爲言是以學者信之然則易之解可得聞歟曰氣化之于品物則形而上下之分也形乃品物之謂非氣化之謂易又有之立天之道曰陰與陽直舉陰陽不聞辯別所

以陰陽而始可當道之稱豈聖人立言皆辭不備哉一陰一陽流行不已夫是之爲道而已古人言辭之謂謂之有異凡曰之謂以上所稱解下如中庸天命之謂性率性之謂道脩道之謂教此爲性道教言之若曰性也者天命之謂也道也者率性之謂也教也者脩道之謂也易一陰一陽之謂道則爲天道言之若曰道也者一陰一陽之謂也凡曰謂之者以下所稱之名辨上之實如中庸自誠明謂之性自明誠謂之教此非爲性教言之以性教區别自誠明自明誠二者耳易形而上者謂之道形而下者謂之器本非爲道器言之以道器區别

其形而上形而下耳形謂已成形質形而上猶曰形以前形而下猶曰形以後（如言千載而上千載而下詩下武維周鄭箋云下猶後也）陰陽之未成形質是謂形而上者也非形而下明矣器言乎一成而不變道言乎體物而不可遺不徒陰陽非形而下如五行水火木金土有質可見固形而下也器也其五行之氣人物咸禀受于此則形而上者也易言一陰一陽洪範言初一曰五行舉陰陽舉五行即賅鬼神中庸言鬼神之體物而不可遺即物之不離陰陽五行以成形質也由人物遡而上之至是止矣六經孔孟之書不聞理氣之辨而後儒創言之遂以陰陽屬形而下

實失道之名義也問後儒論陰陽必推本太極云無極而太極太極動而生陽動極而靜靜而生陰靜極復動一動一靜互爲其根分陰分陽兩儀立焉朱子釋之云太極生陰陽理生氣也陰陽既生則太極在其中理復在氣之內也又云太極形而上之道也陰陽形而下之器也今既辨明形乃品物非氣化然則太極兩儀後儒據以論道者亦必傅合失之矣自宋以來學者惑之已久將何以解其惑歟曰後世儒者紛紛言太極言兩儀非孔子贊易太極兩儀之本指也孔子曰易有太極是生兩儀兩儀生四象四象生八卦曰儀曰象曰卦皆據

作易言之耳非氣化之隂陽得兩儀四象之名易備于六十四自八卦重之故八卦者易之小成有天地山澤雷風水火之義焉其未成卦畫一奇以儀陽一偶以儀隂故稱兩儀奇而遇奇陽已長也以象太陽奇而遇偶隂始生也以象少隂偶而遇偶隂已長也以象太隂偶而遇奇陽始生也以象少陽伏羲氏覩于氣化流行而以奇偶儀之象之孔子贊易蓋言易之爲書起于卦畫非漫然也實有見于天道一隂一陽爲物之終始會歸乃畫奇偶兩者從而儀之故曰易有太極是生兩儀既有兩儀而四象而八卦以次生矣孔子以太極指氣化

之陰陽承上文明于天之道言之即所云一陰一陽之謂道以兩儀四象八卦指易畫後世儒者以兩儀爲陰陽而求太極于陰陽之所由生豈孔子之言乎

問宋儒之言形而上下言道器言太極兩儀今據孔子贊易本文疏通證明之洵於文義未協其見於理氣之辨也求之六經中無其文故借太極兩儀形而上下之語以飾其說以取信學者歟曰舍聖人立言之本指而以巳說爲聖人所言是誣聖借其語以飾吾之說以求取信是欺學者也誣聖欺學者程朱之賢不爲也蓋其學借階于老莊釋氏是故失之凡習于先入之言往往

受其蔽而不自覺在老莊釋氏就一身分言之有形體有神識而以神識爲本推而上之以神爲有天地之本老氏云有物混成先天地生又云道之爲物惟怳惟忽忽兮怳兮其中有象怳兮忽兮其中有物釋氏書問如何是佛曰見性爲佛如何是性曰作用爲性如何是作用曰在目曰見在耳曰聞在鼻臭香在口談論在手執捉在足運奔徧見俱該法界收攝在一微塵識者知是佛性不識喚作精魂遂求諸無形無迹者爲實有而視有形有迹爲幻在宋儒以形氣神識同爲己之私而理得于天推而上之于理氣截之分明以理當其無形無迹之實有而視有形有迹爲粗益就彼之言而轉之朱子辨釋氏云儒者以理爲不生不滅釋氏以神識爲不生不滅因視氣曰空氣陳安卿云二氣流行萬古生生不息不成只是空氣必有主宰之者理是也視心

曰性之郛郭邵子云心者性之郛郭是彼別形神爲二本而宅于空氣宅于郛郭者爲天地之神與人之神此別理氣爲二本朱子云天地之間有理有氣理也者形而上之道也生物之本也氣也者形而下之器也生物之具也是以人物之生必稟此理然後有性也稟此氣然後有形而宅於空氣宅於郛郭者爲天地之理與人之理由考之六經孔孟茫然不得所謂性與天道者及從事老莊釋氏有年覺彼之所指獨遺夫理義而不言是以觸於形而上下之云太極兩儀之稱頓然有悟遂創爲理氣之辨不復能詳審文義其以理爲氣之主宰如彼以神爲氣之主宰也以理能生氣如彼以神能生氣也老氏云一生二二生三三生萬物萬物負陰而抱陽冲氣

以爲和以理壞於形氣無人欲之蔽則復其初如彼以神受形而生不以物欲累之則復其初也皆改其所指神識者以指理徒援彼例此而實非得之於此學者轉相傳述適所以誣聖亂經善夫韓退之氏曰學者必慎所道道於楊墨老莊佛之學而欲之聖人之道猶航斷港絶潢以望至於海也此宋儒之謂也

性

性者分於陰陽五行以爲血氣心知品物區以别焉舉凡既生以後所有之事所具之能所全之德咸以是爲其本故易曰成之者性也氣化生人生物以後各以類

滋生久矣然類之區別千古如是也循其故而已矣在
氣化曰陰陽曰五行而陰陽五行之成化也雜糅萬變
是以及其流形不特品物不同雖一類之中又復不同
凡分形氣於父母卽爲分於陰陽五行人物以類滋生
皆氣化之自然中庸曰天命之謂性以生而限於天故
曰天命大戴禮記曰分於道謂之命形於一謂之性分
於道者分於陰陽五行也一言乎分則其限之於始有
偏全厚薄淸濁昏明之不齊各隨所分而形於一各成
其性也然性雖不同大致以類爲之區別故論語曰性
相近也此就人與人相近言之也孟子曰凡同類者舉

相似也何獨至於人而疑之聖人與我同類者言同類之相似則異類之不相似明矣故詰告子生之謂性曰然則犬之性猶牛之性牛之性猶人之性與明乎其必不可混同言之也天道陰陽五行而已矣人物之性咸分於道成其各殊者而已矣

問論語言性相近孟子言性善自程子朱子始別之以為截然各言一性朱子於論語引程子云此言氣質之性非言性之本也若言其本則性即是理理無不善孟子之言性善是也何相近之有哉反取告子生之謂性之說為合於孔子程子云性一也何以言相近此止是言氣質之性如俗言性急性緩之類性安有緩急此言性者生之謂性也又云凡言性處須看立意如何且如言人性善性之本也生之謂性論其所稟也孔子言

性相近若論其本豈可言相近止論其所稟也告子所云固是爲孟子問他他說便不是也創立名目曰氣質之性而以理當孟子所謂善者爲生物之本程子云孟子言性當隨文看不以告子生之謂性爲不然者此亦性也被命受生之後謂之性耳故不同繼之曰犬之性猶牛之性牛之性猶人之性與然不害爲一若乃孟子之言善者乃極本窮源之性人與禽獸得之也同程子所謂不害爲一朱子於中庸天命之謂性釋之曰命猶令也性卽理也天以陰陽五行化生萬物氣以成形而理亦賦焉猶命令也於是人物之生因各得其所賦之理以爲健順五常之德所謂性也而致疑於孟子朱子云孟子言人所以異於禽獸者幾希不知人何故與禽獸異又言犬之性猶牛之性牛之性猶人之性與不知人何故與牛犬異此兩處似欠中間一轉語須著說是形氣不同故性亦少異始得恐孟子見得人性同處自是分曉直截却於這些子未甚察是謂性卽理於孟子且不可通矣其不能通於易論語固宜孟子聞

告子言生之謂性則致詰之程朱之說不幾助告子而議孟子歟曰程子朱子其初所講求者老莊釋氏也老莊釋氏自貴其神而外形體顯背聖人毀訾仁義告子未嘗有神與形之别故言食色性也而亦尚其自然故言性無善無不善雖未嘗毀訾仁義而以桮棬喻義則是災杞柳始爲桮棬其指歸與老莊釋氏不異也凡血氣之屬皆知懷生畏死因而趨利避害雖明暗不同不出乎懷生畏死者同也人之異於禽獸不在是禽獸知母而不知父限於知覺也然愛其生之者及愛其所生與雌雄牝牡之相愛同類之不相噬習處之不相齧進

乎懷生畏死矣一私於身一及於身之所親皆仁之屬也私於身者仁其身也及於身之所親者仁其所親也心知之發乎自然有如是人之異於禽獸亦不在是告子以自然爲性使之然以義爲非自然轉制其自然使之強而相從故言仁內也非外也義外也非內也立說之指歸保其生而已矣陸子靜云惡能害心善亦能害心此言實老莊告子釋氏之宗指貴其自然以保其生誠見窮人欲而流於惡者適足害生卽慕仁義爲善勞於問學殫思竭慮亦於生耗損於此見定而心不動其生之謂性之說如是也豈得合於孔子哉易論語孟子

之書其言性也咸就其分於陰陽五行以成性爲言成則人與百物偏全厚薄淸濁昏明限於所分者各殊徒曰生而已矣適同人於犬牛而不察其殊朱子釋孟子有曰告子不知性之爲理而以所爲氣者當之蓋徒知知覺運動之蠢然者人與物同而不知仁義禮智之粹然者人與物異也如其說孟子但舉人物詰之可矣又分何牛之性犬之性乎犬與牛之異非有仁義禮智之粹然者不得謂孟子以仁義禮智詰告子明矣在告子既以知覺運動爲性使知覺運動之蠢然者人與物同告子何不可直應之曰然斯以見知覺運動之不可槩

人物而目爲蠢然同也凡有生卽不隔於天地之氣化陰陽五行之運而不已天地之氣化也人物之生生本乎是由其分而有之不齊是以成性各殊知覺運動者統乎生之全言之也由其成性各殊是以本之以生見乎知覺運動也亦殊氣之自然潛運飛潛動植皆同此生生之機肖乎天地者也而其本受之氣與所資以養者之氣則不同所資以養者之氣雖由外而入大致以本受之氣召之五行有生克遇其克之者則傷甚則死此可知性之各殊矣本受之氣及所資以養者之氣必相得而不相逆斯外內爲一其分於天地之氣化以生

本相得不相逆也氣運而形不動者卉木是也凡有血氣者皆形能動者也由其成性各殊故形質各殊則其形質之動而爲百體之用者利用不利用亦殊知覺云者如寐而寤曰覺心之所通曰知百體皆能覺而心之知覺爲大凡相忘於習則不覺見異焉乃覺魚相忘於水其非生於水者不能相忘於水也則覺不覺亦有殊致矣聞蟲鳥以爲候聞雞鳴以爲辰彼之感而覺覺而聲應之又覺之殊致有然矣無非性使然也若夫鳥之反哺雎鳩之有別蜂蟻之知君臣豺之祭獸獺之祭魚合於人之所謂仁義者矣而各由性成人則能擴充其

知至於神明仁義禮智無不全也仁義禮智非他心之
明之所止也知之極其量也知覺運動者人物之生知
覺運動之所以異者人物之殊其性孟子曰心之所同
然者謂理也義也聖人先得我心之所同然耳於義外
之說必致其辨言理義之爲性非言性之爲理性者血
氣心知本乎陰陽五行人物莫不區以別焉是也而理
義者人之心知有思輒通能不惑乎所行也孟子道性
善言必稱堯舜非謂盡人生而堯舜也自堯舜而下其
等差凡幾則其氣禀固不齊豈得謂非性有不同然人
之心知於人倫日用隨在而知惻隱知羞惡知恭敬辭

讓知是非端緒可舉此之謂性善於其知惻隱則擴而充之仁無不盡於其知羞惡則擴而充之義無不盡於其知恭敬辭讓則擴而充之禮無不盡於其知是非則擴而充之智無不盡仁義禮智懿德之目也孟子言今人乍見孺子將入井皆有怵惕惻隱之心然則所謂惻隱所謂仁者非心知之外別如有物焉藏於心也已知懷生而畏死故怵惕於孺子之危惻隱於孺子之死使無懷生畏死之心又焉有怵惕惻隱之心推之羞惡辭讓是非亦然使飲食男女與夫感於物而動者脫然無之以歸於靜歸於一又焉有羞惡有辭讓有是非此可

以明仁義禮智非他不過懷生畏死飲食男女與夫感於物而動者之皆不可脫然無之以歸於靜歸於一而恃人之心知異於禽獸能不惑乎所行即爲懿德耳古賢聖所謂仁義禮智不求於所謂欲之外不離乎血氣心知而後儒以爲別如有物湊泊附著以爲性由雜乎老莊釋氏之言終昧於六經孔孟之言故也孟子言人無有不善以人之心知異於禽獸能不惑乎所行之爲善且其所謂善也初非無等差之善即孔子所云相近孟子所謂苟得其養無物不長苟失其養無物不消所謂求則得之舍則失之或相倍蓰而無筭者不能盡其

才者也即孔子所云習至於相遠不能盡其才言不擴充其心知而長惡遂非也彼悖乎禮義者亦自知其失也是人無有不善以長惡遂非故性雖善不乏小人孟子所謂梏之反覆違禽獸不遠即孔子所云下愚之不移後儒未審其文義遂彼此扞格孟子曰如使口之於味也其性與人殊若犬馬之與我不同類也則天下何耆皆從易牙之於味也又言動心忍性是孟子矢口言之無非血氣心知之性孟子言性曷嘗自岐爲二哉二之者宋儒也

問凡血氣之屬皆有精爽而人之精爽可進於神明論

語稱上智與下愚不移此不待習而相遠者雖習不足以移之豈下愚之精爽與物等歟曰生而下愚其人難與言理義由自絕於學是以不移然苟畏威懷惠一旦觸於所畏所懷之人啟其心而憬然覺寤往往有之苟悔而從善則非下愚矣加之以學則日進於智矣以不移定爲下愚又往往在知善而不爲知不善而爲之者故曰不移不曰不可移雖古今不乏下愚而其精爽幾與物等者亦究異於物無不可移也

問孟子之時因告子諸人紛紛各立異說故直以性善斷之孔子但言相近意在於警人愼習非因論性而發

故不必直斷曰善歟曰然古賢聖之言至易知也如古
今之常語凡指斥下愚者矢口言之每曰此無人性稍
舉其善端則曰此猶有人性以人性爲善稱是不言性
者其言皆協於孟子而言性者轉失之無人性即所謂
人見其禽獸也有人性即相近也善也論語言相近正
見人無有不善若不善與善相反其遠已縣絕何近之
有分別性與習然後有不善而不可以不善歸性凡得
養失養及陷溺梏亡咸屬於習至下愚之不移則生而
蔽錮其明善也難而流爲惡也易究之性能開通非不
可移視禽獸之不能開通亦異也

問孟子言性舉仁義禮智四端與孔子之舉智愚有異乎曰人之相去遠近明昧其大較也學則就其昧焉者牖之明而已矣人雖有智有愚大致相近而智愚之甚遠者蓋鮮智愚者遠近等差殊科而非相反善惡則相反之名非遠近之名知人之成性其不齊在智愚亦可知任其愚而不學不思乃流爲惡愚非惡也人無有不善明矣舉智而不及仁不及禮義者智於天地人物事爲咸足以知其不易之則仁有不至禮義有不盡可謂不易之則哉發明孔子之道者孟子也無異也

問孟子言性善門弟子如公都子已列三說茫然不知

性善之是而三說之非荀子在孟子後直以爲性惡而伸其崇禮義之說荀子旣知崇禮義與老子言禮者忠信之薄而亂之首及告子外義所見懸殊又聞孟子性善之辨於孟子言聖人先得我心之所同然亦必聞之矣而猶與之異何也曰荀子非不知人之可以爲聖人也其言性惡也曰塗之人可以爲禹塗之人者皆內可以知父子之義外可以知君臣之正其可以知之質可以能之具在塗之人其可以爲禹明矣使塗之人伏術爲學專心一志思索熟察加日懸久積善而不息則通於神明參於天地矣故聖人者人之所積而致也聖可

積而致然而皆不可積何也可以而不可使也塗之人可以爲禹則然塗之人能爲禹未必然也雖不能禹無害可以爲禹此於性善之説不惟不相悖而且若相發明終斷之曰足可以徧行天下然而未嘗有能徧行天下者也能不能之與可不可其不可同遠矣蓋荀子之見歸重於學而不知性之全體其言出于尊聖人出於重學崇禮義首之以勸學篇有曰誦數以貫之思索以通之爲其人以處之除其害者以持養之又曰積善成德神明自得聖心循焉荀子之善言學如是且所謂通於神明參於天地者又知禮義之極致聖人與天地合

其德在是聖人復起豈能易其言哉而于禮義與性卒視若閡隔不可通以聖人異于常人以禮義出于聖人之心常人學然後能明禮義若順其性之自然則生爭奪以禮義爲制其性去爭奪者也因性惡而加矯揉之功使進于善故貴禮義苟順其自然而無爭奪安用禮義爲哉又以禮義雖人皆可以知可以能聖人雖人之可積而致然必由于學弗學而能乃屬之性學而後能弗學雖可以而不能不得屬之性此荀子立說之所以異于孟子也

問荀子于禮義與性視若閡隔而不可通其蔽安在今

何以決彼之非而信孟子之是曰荀子知禮義爲聖人之教而不知禮義亦出於性知禮義爲明於其必然而不知必然乃自然之極則適以完其自然也就孟子之書觀之明理義之爲性舉仁義禮智以言性者以爲亦出於性之自然人皆弗學而能學以擴而充之耳荀子之重學也無于內而取於外孟子之重學也有於內而資於外夫資於飲食能爲身之營衛血氣者所資以養者之氣與其身本受之氣原於天地非二也故所資雖在外能化爲血氣以益其內未有內無本受之氣與外相得而徒資焉者也問學之於德性亦然有己之德性

而問學以通乎古賢聖之德性是資於古賢聖所言德性埤益己之德性也冶金若水而不聞以金益水以水益金豈可云己本無善己無天德而積善成德如罍之受水哉以是斷之荀子之所謂性孟子非不謂之性然而荀子舉其小而遺其大也孟子明其大而非舍其小也

問告子言生之謂性言性無善無不善言食色性也仁內義外朱子以爲同於釋氏朱子云生指人物之所以知覺運動者而言與近世佛氏所謂作用是性者略相似又云告子以人之知覺運動者爲性故言人之甘食悅色者即其性其杞柳湍水之喻又以爲同於荀揚朱子於杞柳之喻云如荀子性惡之說於湍水

之喻云近於揚子善惡混之說然則荀揚亦與釋氏同歟曰否荀揚所謂性者古今同謂之性卽後儒稱爲氣質之性者也但不當遺理義而以爲惡耳在孟子時則公都子引或曰性可以爲善可以爲不善或曰有性善有性不善言不同而所指之性同荀子見於聖人生而神明者不可槩之人人其下皆學而後善順其自然則流于惡故以惡加之論似偏與有性不善合然謂禮義爲聖心是聖人之性獨善實兼公都子兩引或曰之說揚子見于長善則爲善人長惡則爲惡人故曰人之性也善惡混又曰學則正否則邪與荀子論斷似參差而匪異韓子言性

之品有上中下三上焉者善焉而已矣中焉者可導而上下也下焉者惡焉而已矣此即公都子兩引或曰之說會通爲一朱子云氣質之性固有美惡之不同矣然以其初而言皆不甚相遠也但習於善則善習於惡則惡於是始相遠耳人之氣質相近之中又有美惡一定而非習之所能移也直會通公都子兩引或曰之說解論語矣程子云有自幼而善有自幼而惡是氣禀有然也善固性也然惡亦不可不謂之性也朱子語類問惡是氣禀如何云亦不可不謂之性曰既是氣禀惡便牽引得那性不好蓋性止是搭附在氣禀上既是氣禀不好便和那性壞了又云如水爲泥沙所混不成不喚做水此與有性善有性不善合而於性

可以為善可以為不善亦未嘗不兼特彼仍其性之名此別之曰氣稟耳程子又云人生而靜以上不容說纔說性時便已不是性也朱子釋之云人生而靜以上是人物未生時止可謂之理未可名為性所謂在天曰命也纔說性時便是人生以後此理已墮在形氣中不全是性之本體矣所謂在人曰性也據樂記人生而靜與感於物而動對言之謂方其未感非謂人物未生也中庸天命之謂性謂氣稟之不齊各限於生初非以理為在天在人異其名也況如其說是孟子乃追遡人物未生未可名性之時而曰性善若就名性之時已是人生

以後已墮在形氣中安得斷之曰善由是言之將天下古今惟上聖之性不失其性之本體自上聖而下語人之性皆失其性之本體人之爲人舍氣稟氣質將以何者謂之人哉是孟子言人無有不善者程子朱子言人無有不惡其視理儼如有物以善歸理雖顯遵孟子性善之云究之孟子就人言之者程朱乃離人而空論夫理故謂孟子論性不論氣不備若不視理如有物而其見於氣質不善卒難通於孟子之直斷曰善宋儒立說似同於孟子而實異似異於荀子而實同也孟子不曰性無有不善而曰人無有不善性者飛潛動植之通名

性善者論人之性也如飛潛動植舉凡品物之性皆就其氣類別之人物分於陰陽五行以成性舍氣類更無性之名醫家用藥在精辨其氣類之殊不別其性則能殺人使曰此氣類之殊者已不是性良醫信之乎試觀之桃與杏取其核而種之萌芽甲坼根幹枝葉爲華爲實形色臭味桃非杏也杏非桃也無一不可區別由性之不同是以然也其性存乎核中之白（即俗呼桃仁杏仁者）形色臭味無一或闕也凡植禾稼卉木畜鳥獸蟲魚皆務知其性知其性者知其氣類之殊乃能使之碩大蕃滋也何獨至於人而指夫分於陰陽五行以成性者曰此已

不是性也豈其然哉自古及今統人與百物之性以爲言氣類各殊是也專言乎血氣之倫不獨氣類各殊而知覺亦殊人以有禮義異於禽獸實人之知覺大遠乎物則然此孟子所謂性善而荀子視禮義爲常人心知所不及故別而歸之聖人程子朱子見於生知安行者罕覩謂氣質不得槩之曰善荀揚之見固如是也特以如此則悖於孟子故截氣質爲一性言君子不謂之性截理義爲一性別而歸之天以附合孟子其歸之天不歸之聖人者以理爲人與我是理者我之本無也以理爲天與我庶幾湊泊附著可融爲一是借天爲說聞者

不復疑於本無遂信天與之得爲本有耳彼荀子見學之不可以已非本無何待於學而程子朱子亦見學之不可以已其本有者何以又待於學故謂爲氣質所汚壞以便於言本有者之轉而如本無也於是性之名移而加之理而氣化生人生物適以病性性譬水之清因地而汚濁程子云有流而至海終無所汚此何煩人力之爲也有流而未遠固已漸濁有出而甚遠方有所濁有濁之多者有濁之少者清濁雖不同然不可以濁者不爲水也如此則人不可以不加澄治之功故用力敏勇則疾清用力緩怠則遲清及其清也則卻止是元初水也亦不是將清來換卻濁亦不是取出濁來置在一隅也水之清則性善之謂也不過從老莊釋氏所謂眞宰眞空者之受形以後昏昧於欲而改變其說特彼以眞宰眞

空爲我形體爲非我此仍以氣質爲我難言性爲非我則惟歸之天與我而後可謂之我有亦惟歸之天與我而後可爲完全自足之物斷之爲善惟使之截然别於我而後雖天與我完全自足可以咎我之壞之而待學以復之以水之清喻性以受汚而濁喻性墮於形氣中汚壞以澄之而清喻學水靜則能清老莊釋氏之主於無欲主於靜寂是也因改變其說爲主敬爲存理依然釋氏教人認本來面目教人常惺惺之法若夫古賢聖之由博學審問慎思明辨篤行以擴而充之者豈徒澄清已哉程子朱子於老莊釋氏既入其室操其矛矣然

改變其言以爲六經孔孟如是按諸荀子差近之而非六經孔孟也

問孟子曰口之於味也目之於色也耳之於聲也鼻之於臭也四肢之於安佚也性也有命焉君子不謂性也仁之於父子也義之於君臣也禮之於賓主也智之於賢者也聖人之於天道也命也有性焉君子不謂命也宋儒以氣質之性非性其說本此張子云形而後有氣質之性善反之則天地之性存焉故氣質之性君子有弗性者焉程子云論性不論氣不備論氣不論性不明在程朱以理當孟子之所謂善者而譏其未備朱子云孟子說

性善是論性不論氣荀揚而下是論氣不論性孟子終是未備所以不能杜絕荀揚之口然不備但少欠耳不明則大害矣

然於聲色臭味安佚之爲性不能謂其非指氣質則以爲據世之人云爾朱子云世之人以前五者爲性以後五者爲命於性相近之言不能謂其非指氣質是世之人同於孔子而孟子別爲異說也朱子荅門人云氣質之說起於張程韓退之原性中說三品但不曾分明說是氣質之性耳孟子謂性善但說得本原處下面不曾說得氣質之性所以亦費分疏諸子說性惡與善惡混使張程之說早出則許多說話自不用紛爭是又以荀揚韓同於孔子至告子亦屢援性相近以證其生之謂性之說將使告

子分明說是氣質之性孟子不得而辯之矣孔子亦未云氣質之性豈猶夫告子猶夫荀揚之論氣不論性不明歟程子深訾荀揚不識性程子云荀子極偏駁止一句性惡大本已失揚子雖少過然亦不識性便說甚道以自伸其謂性即理之異於荀揚獨性相近一言見論語程子雖曰理無不善何相近之有而不敢以與荀揚同譏苟非孔子之言將譏其人不識性矣今以孟子與孔子同程朱與荀揚同孔孟皆指氣稟氣質而人之氣稟氣質異於禽獸心能開通行之不失即謂之理義程朱以理爲如有物焉實雜乎老莊釋氏之言然則程朱之學殆出老釋而入荀揚其所謂性非

孔孟之所謂性其所謂氣質之性乃荀揚之所謂性歟曰然人之血氣心知原於天地之化者也有血氣則所資以養其血氣者聲色臭味是也有心知則知有父子有昆弟有夫婦而不止于一家之親也於是又知有君臣有朋友五者之倫相親相治則隨感而應爲喜怒哀樂合聲色臭味之欲喜怒哀樂之情而人道備欲根於血氣故曰性也而有所限而不可踰則命之謂也仁義禮智之懿不能盡人如一者限於生初所謂命也而皆可以擴而充之則人之性也謂猶云藉口于性耳君子不藉口于性以逞其欲不藉口于命之限之而不盡其

材後儒未詳審文義失孟子立言之指不謂性非不謂之性不謂命非不謂之命由此言之孟子之所謂性卽口之于味目之於色耳之於聲鼻之於臭四肢於安佚之爲性所謂人無有不善卽能知其限而不踰之爲善卽血氣心知能底于無失之爲善所謂仁義禮智卽以名其血氣心知所謂原於天地之化者之能協于天地之德也此荀揚之所未達而老莊告子釋氏昧焉而妄爲穿鑿者也

孟子字義疏證卷中終

孟子字義疏證卷下

才

才者人與百物各如其性以爲形質而知能遂區以別焉孟子所謂天之降才是也氣化生人生物據其限於所分而言謂之命據其爲人物之本始而言謂之性據其體質而言謂之才由成性各殊故才質亦殊才質者性之所呈也舍才質安覩所謂性哉以人物譬之器才則其器之質也分於陰陽五行而成性各殊則才質因之而殊猶金錫之在冶冶金以爲器則其器金也冶錫以爲器則其器錫也品物之不同如是矣從而察之金

錫之精良與否其器之爲質一如乎所肖之金錫一類之中又復不同如是矣爲金爲錫及其金錫之精良與否性之喻也其分於五金之中而器之所以爲器卽於是乎限命之喻也就器而别之孰金孰錫孰精良與孰否才之喻也故才之美惡於性無所增亦無所損夫金錫之爲器一成而不變者也人又進乎是自聖人而下其等差凡幾或疑人之才非盡精良矣而不然也猶金之五品而黃金爲貴雖其不美者莫與之比貴也況乎人皆可以爲賢爲聖也後儒以不善歸氣稟孟子所謂性所謂才皆言乎氣稟而已矣其稟受之全則性也其

體質之全則才也稟受之全無可據以爲言如桃杏之性全於核中之白形色臭味無一弗具而無可見及萌芽甲坼根幹枝葉桃與杏各殊由是爲華爲實形色臭味無不區以別者雖性則然皆據才見之耳成是性斯爲是才別而言之曰命曰性曰才合而言之是謂天性故孟子曰形色天性也惟聖人然後可以踐形人物成性不同故形色各殊人之形官器利用大遠乎物然而於人之道不能無失是不踐此形也猶言之而行不逮是不踐此言也踐形之與盡性盡其才其義一也

問孟子答公都子曰乃若其情則可以爲善矣乃所謂

善也若夫爲不善非才之罪也朱子云情者性之動也又云惻隱羞惡辭讓是非情也仁義禮智性也心統性情者也因其情之發而性之本然可得而見夫公都子問性列三說之與孟子言性善異者乃舍性而論情偏舉善之端爲證彼荀子之言性惡也曰今人之性生而有好利焉順是故争奪生而辭讓亡焉生而有疾惡焉順是故殘賊生而忠信亡焉生而有耳目之欲有好聲色焉順是故淫亂生而禮義文理亡焉然則從人之性順人之情必出於争奪合於犯分亂理而歸於暴故必將有師法之化禮義之導然後出於辭讓合於文理而

歸於治用此觀之然則人之性惡明矣是荀子證性惡所舉者亦情也安見孟子之得而荀子之失歟曰人生而後有欲有情有知三者血氣心知之自然也給於欲者聲色臭味也而因有愛畏發乎情者喜怒哀樂也而因有慘舒辨於知者美醜是非也而因有好惡聲色臭味之欲資以養其生喜怒哀樂之情感而接於物美醜是非之知極而通於天地鬼神聲色臭味之愛畏以分五行生克爲之也喜怒哀樂之慘舒以分時遇順逆爲之也美醜是非之好惡以分志慮從違爲之也是皆成性然也有是身故有聲色臭味之欲有是身而君臣父

子夫婦昆弟朋友之倫具故有喜怒哀樂之情惟有欲有情而又有知然後欲得遂也情得達也天下之事使欲之得遂情之得達斯已矣惟人之知小之能盡美醜之極致大之能盡是非之極致然後遂己之欲者廣之能遂人之欲達己之情者廣之能達人之情道德之盛使人之欲無不遂人之情無不達斯已矣欲之失爲私私則貪邪隨之矣情之失爲偏偏則乖戾隨之矣知之失爲蔽蔽則差謬隨之矣不私則其欲皆仁也皆禮義也不偏則其情必和易而平恕也不蔽則其知乃所謂聰明聖智也孟子舉惻隱羞惡辭讓是非之心謂之心

不謂之情首云乃若其情非性情之情也孟子不又云乎人見其禽獸也而以爲未嘗有才焉是豈人之情也哉情猶素也實也孟子於性本以爲善而此云則可以爲善矣可之爲言因性有等差而斷其善則未見不可也下云乃所謂善也對上今曰性善之文繼之云若夫爲不善非才之罪也爲猶成也卒之成爲不善者陷溺其心放其良心至於梏亡之盡違禽獸不遠者也言才則性見言性則才見才於性無所增損故也人之性善故才亦美其徃徃不美未有非陷溺其心使然故曰非天之降才爾殊才可以始美而終於不美由才失其才

也不可謂性始善而終於不善性以本始言才以體質言也體質戕壞究非體質之罪又安可咎其本始哉倘如宋儒言性卽理言人生以後此理已墮在形氣之中不全是性之本體矣以孟子言性於陷溺梏亡之後人見其不善猶曰非才之罪者宋儒於天之降才卽罪才也

問天下古今之人其才各有所近大致近於純者慈惠忠信謹原和平見善則從而恥不善近於清者明達廣大不惑於疑似不滯於習聞其取善去不善亦易此或不能相兼皆才之美者也才雖美猶往往不能無偏私

周子言性云剛善爲義爲直爲斷爲嚴毅爲幹固惡爲猛爲隘爲强梁柔善爲慈爲順爲巽惡爲懦弱爲無斷爲邪佞而以聖人然後協於中此亦就才見之而明舉其惡程子云性無不善而有不善者才也性卽理理則自堯舜至於塗人一也才稟於氣氣有清濁稟其清者爲賢稟其濁者爲愚此以不善歸才而分性與才爲二本朱子謂其密於孟子朱子云程子此說才字與孟子本文小異蓋孟子專指其發於性者言之故以爲才無不善程子專指其稟於氣者言之則人之才固有昏明强弱之不同矣二說雖殊各有所當然以事理考之程子爲密猶之譏孟子論性不論氣不備皆足證宋儒雖尊孟子而實相與齟齬然如周子所謂惡者豈

非才之罪歟曰此偏私之害不可以罪才尤不可以言性孟子道性善成是性斯爲是才性善則才亦美然非無偏私之爲善爲美也人之初生不食則死人之幼稚不學則愚食以養其生充之使長學以養其良充之至於賢人聖人其故一也才雖美譬之良玉成器而寶之氣澤日親久能發其光可寶加乎其前矣剥之蝕之委棄不惜久且傷壞無色可寶減乎其前矣又譬之人物之生皆不病也其後百病交侵若生而善病者或感於外而病或受損於內身之陰陽五氣勝負而病指其病則皆發乎其體而曰天與以多病之體不可也如周子

所稱猛隘强梁懦弱無斷邪佞是摘其才之病也才雖美失其養則然孟子豈未言其故哉因於失養不可以是言人之才也夫言才猶不可況以是言性乎

道

人道人倫日用身之所行皆是也在天地則氣化流行生生不息是謂道在人物則凡生生所有事亦如氣化之不可已是謂道易曰一陰一陽之謂道繼之者善也成之者性也言由天道以有人物也大戴禮記曰分於道謂之命形於一謂之性言人物分於天道是以不齊也中庸曰天命之謂性率性之謂道言日用事爲皆由

性起無非本於天道然也中庸又曰君臣也父子也夫婦也昆弟也朋友之交也五者天下之達道也言身之所行舉凡日用事爲其大經不出乎五者也孟子稱契爲司徒教以人倫父子有親君臣有義夫婦有別長幼有序朋友有信此卽中庸所言脩道之謂教也曰性曰道指其實體實事之名曰仁曰禮曰義稱其純粹中正之名人道本於性而性原於天道天地之氣化流行不已生生不息然而生於陸者入水而死生於水者離水而死生於南者習於温而不耐寒生於北者習於寒而不耐温此資之以爲養者彼受之以害生天地之大德

曰生物之不以生而以殺者豈天地之失德哉故語道於天地舉其實體實事而道自見一陰一陽之謂道立天之道曰陰與陽立地之道曰柔與剛是也人之心知有明闇當其明則不失當其闇則有差謬之失故語道於人人倫日用咸道之實事率性之謂道脩身以道天下之達道五是也此所謂道不可不脩者也脩道以仁及聖人脩之以爲教是也其純粹中正則所謂立人之道曰仁與義所謂中節之爲達道是也中節之爲達道純粹中正推之天下而準也君臣父子夫婦昆弟朋友之交五者爲達道但舉實事而已智仁勇以行之而後

純粹中正然而卽謂之達道者達諸天下而不可廢也易言天道而下及人物不徒曰成之者性而先曰繼之者善繼謂人物於天地其善固繼承不隔者也善者稱其純粹中正之名性者指其實體實事之名一事之善則一事合於天成性雖殊而其善也則一善其必然也性其自然也歸於必然適完其自然此之謂自然之極致天地人物之道於是乎盡在天道不分言而在人物分言之始明易又曰仁者見之謂之仁智者見之謂之智百姓日用而不知故君子之道鮮矣言限於成性而後不能盡斯道者衆也

問宋儒於命於性於道皆以理當之故云道者日用事物當行之理既爲當行之理則於脩道不可逼故云脩品節之也而於脩身以道脩道以仁兩脩字不得有異但云能仁其身而不置觧於達道五舉孟子所稱教以人倫者實之其失中庸之本指甚明中庸又言道也者不可須臾離也朱子以此爲存理之說不使離於須臾之頃王文成云養德養身止是一事果能戒慎不睹恐懼不聞而專志於是則神住氣住精住而仙家所謂長生久視之說亦在其中矣又云佛氏之常惺惺亦是常存他本來面目耳程子朱子皆求之於釋氏有年如王

文成之言乃其初所從事後轉其說以常存本來面目者爲常存天理故於常惺惺之云無所改反以戒慎恐懼四字爲失之重朱子云心既常惺惺而以規矩繩檢之此內外相養之道也又云著戒慎恐懼四字已是壓得重了要之止略綽提撕令自省覺便是然則中庸言道不可離者其解可得聞歟曰出於身者無非道也故曰不可須臾離可離非道可如體物而不可遺之可凡有所接於目而睹人亦知戒慎其儀容也有所接於耳而聞人亦知恐懼夫愆失也無接於目接於耳之時或惰慢矣惰慢之身卽不得謂之非失道道者居處飲食言動自身而周於身之所親無不該焉也故曰脩身以道道之責

諸身往往易致差謬故又曰脩道以仁此由脩身而推言脩道之方故舉仁義禮以爲之準則下言達道而歸責行之之人故舉智仁勇以見其能行脩道以仁因及義因又及禮而不言智非遺智也明乎禮義卽智也智仁勇三者天下之達德而不言義禮非遺義遺禮也智所以知義所以知禮也仁義禮者道於是乎盡也智仁勇者所以能盡道也故仁義禮無等差而智仁勇存乎其人有生知安行學知利行困知勉行之殊古賢聖之所謂道人倫日用而已矣於是而求其無失則仁義禮之名因之而生非仁義禮有加於道也於人倫日用行

之無失如是之謂仁如是之謂義如是之謂禮而已矣宋儒合仁義禮而統謂之理視之如有物焉得於天而具於心因以此爲形而上爲沖漠無朕以人倫日用爲形而下爲萬象紛羅蓋由老莊釋氏之舍人倫日用而別有所貴道遂轉之以言夫理在天地則以陰陽不得謂之道在人物則以氣稟不得謂之性以人倫日用之事不得謂之道六經孔孟之言無與之合者也

問中庸曰道之不行也我知之矣智者過之愚者不及也道之不明也我知之矣賢者過之不肖者不及也朱子於智者云知之過以道爲不足行於賢者云行之過

以道爲不足知既謂之道矣以爲不足行不足知必無其人彼智者之所知賢者之所行又何指乎中庸以道之不行屬智愚不屬賢不肖以道之不明屬賢不肖不屬智愚其意安在曰智者自負其不惑也往往行之多謬愚者之心惑闇宜乎動輒愆失賢者自信其出於正不出於邪往往執而鮮通不肖者陷溺其心雖覩夫事之宜而長惡遂非與不知等然智愚賢不肖豈能越人倫日用之外者哉故曰人莫不飲食也鮮能知味也飲食喻人倫日用知味喻行之無失使舍人倫日用以爲道是求知味於飲食之外矣就人倫日用舉凡出於身

者求其不易之則斯仁至義盡而合於天人倫日用其物也曰仁曰義曰禮其則也專以人倫日用舉凡出於身者謂之道故曰脩身以道脩道以仁分物與則言之也中節之爲達道中庸之爲道合物與則言也

問顏淵喟然歎曰仰之彌高鑽之彌堅瞻之在前忽然在後公孫丑曰道則高矣美矣宜若登天然似不可及也何不使彼爲可幾及而日孳孳也今謂人倫日用舉凡出於身者謂之道但就此求之得其不易之則可矣何以茫然無據又若是歟曰孟子言夫道若大路然豈難知哉謂人人由之如爲君而行君之事爲臣而行臣

之事爲父爲子而行父之事行子之事皆所謂道也君不止於仁則君道失臣不止於敬則臣道失父不止於慈則父道失子不止於孝則子道失然則盡君道臣道父道子道非智仁勇不能也質言之曰達道曰達德精言之則全乎智仁勇者其盡君道臣道父道子道舉其事而亦不過謂之道故中庸曰大哉聖人之道洋洋乎發育萬物峻極於天優優大哉禮儀三百威儀三千待其人而後行極言乎道之大如是豈出人倫日用之外哉以至道歸之至德之人豈下學所易窺測哉今以學於聖人者視聖人之語言行事猶學奕於奕秋者莫能

測奕秋之巧也莫能遽幾及之也顏子之言又曰夫子循循然善誘人博我以文約我以禮中庸詳舉其目曰博學審問慎思明辨篤行而終之曰果能此道矣雖愚必明雖柔必强蓋循此道以至乎聖人之道實循此道以日增其智日增其仁日增其勇也將使智仁勇齊乎聖人其日增也有難有易譬之學一技一能其始日異而月不同久之人不見其進矣又久之已亦覺不復能進矣人雖以國工許之而自知未至也顏子所以言欲罷不能既竭吾才如有所立卓爾雖欲從之末由也已此顏子之所至也

仁義禮智

仁者生生之德也民之質矣日用飲食無非人道所以生生者一人遂其生推之而與天下共遂其生仁也言仁可以賅義使親愛長養不協於正大之情則義有未盡亦卽爲仁有未至言仁可以賅禮使無親疏上下之辨則禮失而仁亦未爲得且言義可以賅禮言禮可以賅義先王之以禮教無非正大之情君子之精義也斷乎親疏上下不爽幾微而舉義舉禮可以賅仁又無疑也舉仁義禮可以賅智智者知此者也易曰立人之道曰仁與義而中庸曰仁者人也親親爲大義者宜也尊

賢爲大親親之殺尊賢之等禮所生也益之以禮所以
爲仁至義盡也語德之盛者全乎智仁而已矣而中庸
曰智仁勇三者天下之達德也益之以勇蓋德之所以
成也就人倫日用究其精微之極致曰仁曰義曰禮合
三者以斷天下之事如權衡之於輕重於仁無憾於禮
義不愆而道盡矣若夫德性之存乎其人則曰智曰仁
曰勇三者才質之美也因才質而進之以學皆可至於
聖人自人道遡之天道自人之德性遡之天德則氣化
流行生生不息仁也由其生生有自然之條理觀於條
理之秩然有序可以知禮矣觀於條理之截然不可亂

可以知義矣在天爲氣化之生生在人爲其生生之心是乃仁之爲德也在天爲氣化推行之條理在人爲其心知之通乎條理而不紊是乃智之爲德也惟條理是以生生條理苟失則生生之道絕凡仁義對文及智仁對文皆兼生生條理而言之者也

問論語言主忠信言禮與其奢也寧儉喪與其易也寧戚子夏聞繪事後素而曰禮後乎朱子云禮以忠信爲質引記稱忠信之人可以學禮證之老氏直言禮者忠信之薄而亂之首指歸幾於相似然論語又曰十室之邑必有忠信如丘者焉不如丘之好學也曰克己復禮

爲仁中庸於禮以知天言之孟子曰動容周旋中禮盛德之至也重學重禮如是忠信又不足言何也曰禮者天地之條理也言乎條理之極非知天不足以盡之即儀文度數亦聖人見於天地之條理定之以爲天下萬世法禮之設所以治天下之情或裁其過或勉其不及俾知天地之中而已矣至於人情之漓猶飾於貌非因飾貌而情漓也其人情漸漓而徒以飾貌爲禮也非惡其飾貌惡其情漓耳禮以治其儉陋使化於文喪以治其哀戚使遠於直情而徑行情漓者馳騖於奢與易不若儉戚之於禮雖不足猶近乎制禮所起也故以答林

放問禮之本忠信之人可以學禮言質美者進之於禮無飾貌情瀉之弊忠信乃其人之質美猶曰苟非其人道不虛行也至若老氏因俗失而欲併禮去之意在還淳反樸究之不能必天下盡歸淳樸其生而淳樸者直情徑行流於惡薄者肆行無忌是同人於禽獸率天下而亂者也君子行禮其爲忠信之人固不待言而不知禮則事事爽其條理不足以爲君子林放問禮之本子夏言禮後皆重禮而非輕禮也詩言素以爲絢素以喻其人之嫺於儀容上云巧笑倩美目盼者其美乃益彰是之謂絢喻意深遠故子夏疑之繪事後素者鄭康成

云凡繪畫先布衆色然後以素分布其間以成文何平叔景福殿賦所謂班閒布白疏密有章蓋古人畫繪之法其注考工記凡畫繢之事後素功云素白采也後布之爲其易漬汚也是素功後施始五采成章爛然貌旣美而又嫺於儀容乃爲誠美素以爲絢之喻昭然矣子夏觸於此言不特於詩無疑而更知凡美質皆宜進之以禮斯君子所貴若謂子夏後禮而先忠信則見於禮亦如老氏之僅僅指飾貌情漓者所爲與林放以飾貌情漓爲俗失者意指懸殊孔子安得許之忠信由於質美聖賢論行固以忠信爲重然如其質而見之行事苟學不足則失在知而行因之謬

雖其心無弗忠弗信而害道多矣行之差謬不能知之
徒自期於心無愧者其人忠信而不好學往往出於此
此可以見學與禮之重矣

誠

誠實也據中庸言之所實者智仁勇也實之者仁也義
也禮也由血氣心知而語於智仁勇非血氣心知之外
別有智有仁有勇以予之也就人倫日用而語於仁語
於禮義舍人倫日用無所謂仁所謂義所謂禮也血氣
心知者分於陰陽五行而成性者也故曰天命之謂性
人倫日用皆血氣心知所有事故曰率性之謂道全乎

智仁勇者其於人倫日用行之而天下覩其仁覩其禮義善無以加焉自誠明者也學以講明人倫日用務求盡夫仁盡夫禮義則其智仁勇所至將日增益以於聖人之德之盛自明誠者也質言之曰人倫日用精言之曰仁曰義曰禮所謂明善明此者也所謂誠身誠此者也質言之曰血氣心知精言之曰智曰仁曰勇所謂致曲致此者也所謂有誠有此者也言乎其盡道莫大於仁而兼及義兼及禮言乎其能盡道莫大於智而兼及仁兼及勇是故善之端不可勝數舉仁義禮三者而善備矣德性之美不可勝數舉智仁勇三者而德備矣曰

善曰德盡其實之謂誠
問中庸言或生而知之或學而知之或困而知之或安而行之或利而行之或勉强而行之朱子云所知所行謂達道也今據上文云君臣也父子也之屬但舉其事即稱之曰達道以智仁勇行之而後爲君盡君道爲臣盡臣道然則所謂知之行之宜承智仁勇之能盡道而言中庸既云所以行之者三又云所以行之者一也程子朱子以誠當其所謂一下云凡爲天下國家有九經所以行之者一也朱子亦謂不誠則皆爲虛文在中庸前後皆言誠矣此何以不言所以行之者誠也曰智也

者言乎其不蔽也仁也者言乎其不私也勇也者言乎其自强也非不蔽不私加以自强不可語於智仁勇既以智仁勇行之即誠也使智仁勇不得爲誠則是不智不仁不勇又安得曰智仁勇下云齊明盛服非禮不動所以脩身去讒遠色賤貨而貴德所以勸賢既若此亦即誠也使齊明盛服非禮不動爲虚文則是未嘗齊明盛服非禮不動也去讒遠色賤貨而貴德爲虚文則是未嘗去讒未嘗遠色未嘗賤貨貴德也又安得言之其皆曰所以行之者一也言人之才質不齊而行達道之必以智仁勇脩身之必以齊明盛服非禮不動勸賢之

必以去讒遠色賤貨而貴德則無不同也孟子荅公孫丑曰大匠不為拙工改廢繩墨羿不為拙射變其彀率言不因巧拙而有二法也告滕世子曰夫道一而已矣言不因人之聖智不若堯舜文王而有二道也蓋才質不齊有生知安行有學知利行且有困知及勉強行其生知安行者足乎智足乎仁足乎勇者也其學知利行者知仁勇之少遜焉者也困知勉強行者智仁勇不足者也中庸又曰及其知之一也及其成功一也則智仁勇可自少而加多以至乎其極道責於身舍是三者無以行之矣

權

權所以別輕重也凡此重彼輕千古不易者常也常則顯然共見其千古不易之重輕而重者於是乎輕輕者於是乎重變也變則非智之盡能辨察事情而準不足以知之論語曰可與共學未可與適道可與適道未可與立可與立未可與權蓋同一所學之事試問何爲而學其志有去道甚遠者矣求祿利聲名者是也故未可與適道道責於身不使差謬而觀其守道能不見奪者寡矣故未可與立雖守道卓然知常而不知變由精義未深所以增益其心知之明使全乎聖智者未之盡也

故未可與權孟子之闢楊墨也曰楊墨之道不息孔子之道不著是邪說誣民充塞仁義也仁義充塞則率獸食人人將相食今人讀其書孰知所謂率獸食人人將相食者安在哉孟子又曰楊子取爲我拔一毛而利天下不爲也墨子兼愛摩頂放踵利天下爲之子莫執中執中爲近之執中無權猶執一也所惡執一者爲其賊道也舉一而廢百也今人讀其書孰知無權之故舉一而廢百之爲害至鉅哉孟子道性善於告子言以人性爲仁義則曰率天下之人而禍仁義今人讀其書又孰知性之不可不明戕賊人以爲仁義之禍何如哉老聃

莊周無欲之說及後之釋氏所謂空寂能脫然不以形體之養與有形之生死累其心而獨私其所謂長生久視所謂不生不滅者於人物一視而同用其慈蓋合楊墨之說以爲說由其自私雖拔一毛可以利天下不爲由其外形體溥慈愛雖摩頂放踵以利天下爲之宋儒程子朱子易老莊釋氏之所私者而貴理易彼之外形體者而咎氣質其所謂理依然如有物焉宅於心於是辨乎理欲之分謂不出於理則出於欲不出於欲則出於理雖視人之饑寒號呼男女哀怨以至垂死冀生無非人欲空指一絕情欲之感者爲天理之本然存之於

心及其應事幸而偶中非曲體事情求如此以安之也不幸而事情未明執其意見方自信天理非人欲而小之一人受其禍大之天下國家受其禍徒以不出於欲遂莫之或寤也凡以爲理宅於心不出於欲則出於理者未有不以意見爲理而禍天下者也人之患有私有蔽私出於情欲蔽出於心知無私仁也不蔽智也非絕情欲以爲仁去心知以爲智也是故聖賢之道無私而非無欲老莊釋氏無欲而非無私彼以無欲成其自私者也此以無私通天下之情遂天下之欲者也凡異說皆主於無欲不求無蔽重行不先重知人見其篤行也

無欲也故莫不尊信之聖賢之學由博學審問慎思明辨而後篤行則行者行其人倫日用之不蔽者也非如彼之舍人倫日用以無欲爲能篤行也人倫日用聖人以通天下之情遂天下之欲權之而分理不爽是謂理宋儒乃曰人欲所蔽故不出於欲則自信無蔽古今不乏嚴氣正性疾惡如讐之人是其所是非其所非執顯然共見之重輕實不知有時權之而重者於是乎輕輕者於是乎重其是非輕重一誤天下受其禍而不可救豈人欲蔽之也哉自信之理非理也然則孟子言執中無權至後儒又增一執理無權者矣

問宋儒亦知就事物求理也特因先入於釋氏轉其所
指爲神識者以指理故視理如有物焉不徒曰事物之
理而曰理散在事物事物之理必就事物剖析至微而
後理得理散在事物於是冥心求理謂一本萬殊謂放
之則彌六合卷之則退藏於密實從釋氏所云徧見俱
該法界收攝在一微塵者比類得之旣冥心求理以爲
得其體之一矣故自信無欲則謂之理雖意見之偏亦
曰出於理不出於欲徒以理爲如有物焉則不以爲一
理而不可而事必有理隨事不同故又言心具衆理應
萬事心具之而出之非意見固無可以當此者耳況衆

理畢具於心則一事之來心出一理應之易一事焉又必易一理應之至百千萬億莫知紀極心既畢具宜可指數其爲一爲不勝指數必又有說故云理一分殊然則論語兩言以一貫之朱子於語曾子者釋之云聖人之心渾然一理而泛應曲當用各不同曾子於其用處蓋已隨事精察而力行之但未知其體之一耳此解亦必失之二章之本義可得聞歟曰一以貫之非言以一貫之也道有下學上達之殊致學有識其迹與精於道之異趨吾道一以貫之言上達之道即下學之道也予一以貫之不曰予學蒙上省文言精於道則心之所通

不假於紛然識其迹也中庸曰中恕違道不遠孟子曰强恕而行求仁莫近焉蓋人能出於已者必忠施於人者以恕行事如此雖有差失亦少矣凡未至乎聖人未可語於仁未能無憾於禮義如其才質所及心知所明謂之忠恕可也聖人仁且智其見之行事無非仁無非禮義忠恕不足以名之然而非有他也忠恕至斯而極也故曾子曰夫子之道忠恕而已矣而已矣者不足之辭亦無更端之辭下學而上達然後能言此論語曰多聞闕疑慎言其餘多見闕殆慎行其餘又曰多聞擇其善者而從之多見而識之知之次也又曰我非生而知之者好古敏以求

之者也是不廢多學而識矣然聞見不可不廣而務在能明於心一事豁然使無餘蘊更一事而亦如是久之心知之明進於聖智雖未學之事豈足以窮其智哉易曰精義入神以致用也又曰智周乎萬物而道濟天下故不過孟子曰君子深造之以道欲其自得之也自得之則居之安居之安則資之深資之深則取之左右逢其源凡此皆精於道之謂也心精於道全乎聖智自無弗貫通非多學而識所能盡苟徒識其迹將日逐於多適見不足易又曰天下同歸而殊塗一致而百慮天下何思何慮同歸如歸於仁至義盡是也殊塗如事情之

各區以別是也一致如心知之明盡乎聖智是也自慮
如因物而通其則是也孟子曰博學而詳說之將以反
說約也約謂得其至當又曰守約而施博者善道也君
子之守脩其身而天下平約謂脩其身六經孔孟之書
語行之約務在脩身而已語知之約致其心之明而已
未有空指一而使人知之求之者致其心之明自能權
度事情無幾微差失又焉用知一求一哉
問論語言克己復禮爲仁朱子釋之云己謂身之私欲
禮者天理之節文又云心之全德莫非天理而亦不能
不壞於人欲蓋與其所謂人生以後此理墮在形氣中

者互相發明老莊釋氏無欲而非無私聖賢之道無私而非無欲謂之私欲則聖賢固無之然如子路之賢不可謂其不能勝私欲矣豈顏子猶壞於私欲邪況下文之言爲仁由己何以知克己之己不與下同此章之外亦絶不聞私欲而稱之曰己者朱子又云爲仁由己而非他人所能與在語之而不惰者豈容加此贅文以策勵之其失解審矣然則此章之解可得聞歟曰克己復禮之爲仁以己對天下言也禮者至當不易之則故曰動容周旋中禮盛德之至也凡意見少偏德性未純皆己與天下阻隔之端能克己以還其至當不易之則斯

不隔於天下故曰一日克己復禮天下歸仁焉然又非取決於天下乃斷之爲仁也斷之爲仁實取決於己不取決於人故曰爲仁由己而由人乎哉自非聖人未易語於意見不偏德性純粹至意見不偏德性純粹動皆中禮矣就一身舉之有視有聽有言有動四者勿使爽失於禮與動容周旋中禮分安勉而已聖人之言無非使人求其至當以見之行求其至當即先務於知也凡去私不求去蔽重行不先重知非聖學也孟子曰執中無權猶執一也權所以別輕重謂心之明至於辨察事情而準故曰權學至是一以貫之矣意見之偏除矣

問孟子闢楊墨韓退之闢老釋今子於宋以來儒書之言多辭而闢之何也曰言之深入人心者其禍於人也大而莫之能覺也苟莫之能覺也吾不知民受其禍之所終極彼楊墨者當孟子之時以爲聖人賢人者也老釋者世以爲聖人所不及者也論其人彼各行所知卓乎同於躬行君子是以天下尊而信之而孟子韓子不能已於與辨爲其言入人心深禍於人大也豈尋常一名一物之詭舛比哉孟子荅公孫丑問知言曰詖辭知其所蔽淫辭知其所陷邪辭知其所離遁辭知其所窮生於其心害於其政發於其政害於其事聖人復起必

從吾言矣荅公都子問外人皆稱夫子好辯曰邪說者
不得作作於其心害於其事作於其事害於其政聖人
復起不易吾言矣孟子兩言聖人復起誠見夫詖辭邪
說之深入人心必害於事害於政天下被其禍而莫之
能覺也使不然則楊墨告子其人彼各行所知固卓乎
同於躬行君子天下尊而信之孟子胡以惡之哉楊朱
哭衢途彼且悲求諸外者歧而又歧墨翟之歎染絲彼
且悲人之受染失其本性老釋之學則皆貴於抱一貴
於無欲宋以來儒者蓋以理之說其辨乎理欲猶之執
中無權舉凡饑寒愁怨飲食男女常情隱曲之感則名

之曰人欲故終其身見欲之難制其所謂存理空有理之名究不過絕情欲之感耳何以能絕曰主一無適此即老氏之抱一無欲故周子以一爲學聖之要且明之曰一者無欲也天下必無舍生養之道而得存者凡事爲皆有於欲無欲則無爲矣有欲而後有爲有爲而歸於至當不可易之謂理無欲無爲又焉有理老莊釋氏主於無欲無爲故不言理聖人務在有欲有爲之咸得理是故君子亦無私而已矣不貴無欲君子使欲出於正不出於邪不必無饑寒愁怨飲食男女常情隱曲之感於是讒說誣辭反得刻議君子而罪之此理欲之辨

使君子無完行者爲禍如是也以無欲然後君子而小人之爲小人也依然行其貪邪獨執此以爲君子者謂不出於理則出於欲不出於欲則出於理其言理也如有物焉得於天而具於心於是未有不以意見爲理之君子且自信不出於欲則曰心無愧怍夫古人所謂不愧不怍者豈此之謂乎不寤意見多偏之不可以理名而持之必堅意見所非則謂其人自絕於理此理欲之辨適成忍而殘殺之具爲禍又如是也夫堯舜之憂四海困窮文王之視民如傷何一非爲民謀其人欲之事惟順而導之使歸於善今既截然分理欲爲二治己以

不出於欲爲理治人亦必以不出於欲爲理舉凡民之饑寒愁怨飲食男女常情隱曲之感咸視爲人欲之甚輕者矣輕其所輕乃吾重天理也公義也言雖美而用之治人則禍其人至於下以欺僞應乎上則曰人之不善胡弗思聖人體民之情遂民之欲不待告以天理公義而人易免於罪戾者之有道也孟子於民之放辟邪侈無不爲以陷於罪猶曰是罔民也又曰救死而恐不贍奚暇治禮義古之言理也就人之情欲求之使之無疵之爲理今之言理也離人之情欲求之使之忍而不顧之爲理此理欲之辨適以窮天下之人盡轉移爲欺

僞之人爲禍何可勝言也哉其所謂欲乃帝王之所盡心於民其所謂理非古聖賢之所謂理蓋雜乎老釋之言以爲言是以弊必至此也然宋以來儒者皆力破老釋不自知雜襲其言而一一傅合於經遂曰六經孔孟之言其惑人也易而破之也難數百年於兹矣人心所知皆彼之言不復知其異於六經孔孟之言矣世又以躬行實踐之儒信焉不疑夫楊墨老釋皆躬行實踐勸善懲惡救人心贊治化天下尊而信之帝王因尊而信之者也孟子韓子闢之於前聞孟子韓子之說人始知其與聖人異而究不知其所以異至宋以來儒書之言

人咸曰是與聖人同也辯之是欲立異也此如嬰兒中路失其父母他人子之而爲其父母既長不復能知他人之非其父母雖告以親父母而決爲非也而怒其告者故曰破之也難嗚呼使非害於事害於政以禍人方將敬其爲人而又何惡也惡之者爲人心懼也

荅彭進士書 附

允初先生足下日前承示二林居制義文境高絶然在作者不以爲文而已以爲道也大暢心宗參活程朱之說以傅合六經孔孟使閎肆無涯涘孟子曰資之深則取之左右逢其源凡自得之學盡然求孔孟之道不至

是不可謂之有得求楊墨老莊佛之道不至是亦不可謂之有得宋以前孔孟自孔孟老釋自老釋談老釋者高妙其言不依附孔孟宋以來孔孟之書盡失其解儒者雜襲老釋之言以解之於是有讀儒書而流入老釋者有好老釋而溺其中既而觸於儒書樂其道之得助因凭藉儒書以談老釋者同已則共證心宗對異已則寄託其說於六經孔孟曰吾所得者聖人之微言奧義而交錯旁午屢變益工渾然無罅漏孔子曰道不同不相爲謀言徒紛然辭費不能奪其道之成者也足下之道成矣欲見僕所爲原善僕聞足下之爲人心敬之願

得交者十餘年於今雖原善所指加以孟子字義疏證反覆辯論咸與足下之道截然殊致叩之則不敢不出今賜書有引爲同有别爲異在僕乃謂盡異無豪髮之同昔程子張子朱子其始也亦如足下今所從事程叔子撰明道先生行狀曰自十五六時聞周茂叔論道慨然有求道之志泛濫於諸家出入於老釋者幾十年返求諸六經而後得之呂與叔撰橫渠先生行狀曰范文正公勸讀中庸先生讀其書雖愛之猶以爲未足又訪諸釋老之書累年盡究其說知無所得返而求之六經知無所得者陋之非不知之也朱子慕禪學在十五六

時年二十四見李愿中愿中教以看聖賢言語而其後
十餘年有荅何叔京二書其一曰向來妄論持敬之說
亦不自記其云何但因其良心發見之微猛省提撕使
心不昧即是做工夫底本領本領既立自然下學而上
達矣若不察良心發見處即渺渺茫茫恐無下手處也
所諭多識前言往行熹向來所見亦是如此近因返求
未得箇安穩處卻始知此未免支離曷若默會諸心以
立其本而其言之得失自不能逃吾之鑒邪其一曰今
年不謂饑歉至此夏初所至汹汹遂爲縣中委以賑糶
之役百方區處僅得無事博觀之弊此理甚明何疑之

有若使道可以多聞博觀而得則世之知道者爲不少矣熹近日因事方少有省發處如鳶飛魚躍明道以爲與必有事焉而勿正之意同者今乃曉然無疑日用之間觀此流行之體初無間斷處有下工夫處此與守書冊泥言語全無交涉幸於日間察之知此則知仁矣二書全背原中復歸釋氏反用聖賢言語指其所得於釋氏者至乾道癸巳朱子年四十四門人廖德明錄癸巳所聞云先生言二三年前見得此事尚鶻突爲他佛說得相似近年來方看得分曉是後朱子有荅汪尚書書云熹於釋氏之說蓋嘗師其人尊其道求之亦切至矣

然未能有得其後以先生君子之教按乎前後緩急之序於是暫置其說而從事於吾學其始蓋未嘗一日不往來於心也以爲俟卒究吾說而後求之未爲甚晚而一二年來心獨有所自安雖未能即有諸已然欲復求之外學以遂其初心不可得矣程朱雖皆先入於釋氏而卒能覺寤其非程子曰吾儒本天異端本心朱子曰吾儒以理爲不生不滅釋氏以神識爲不生不滅僕於孟子字義疏證辯其視理也與老釋之視心視神識雖指歸各異而僅僅就彼之言轉之猶失孔孟之所謂理所謂義朱子稱爲他佛說得相似者彼之心宗不特指

歸與此異也亦絕不可言似程朱先從事於彼熟知彼之指歸既而求之此見此之指歸與彼異矣而不得其本因推而本之天夫人物何者非本之天乎豈得謂心必與天隔乎彼可起而爭者也苟聞乎此雖愚必明雖柔必强擴而充之何一非務盡其心以能盡道苟自以爲是而不可與入堯舜之道雖言理言知言學皆似而非適以亂德在程朱先入於彼徒就彼之說轉而之此是以又可轉而之彼合天與心爲一合理與神識爲一而我之言彼皆得援而借之爲彼樹之助以此解經而六經孔孟之書彼皆得因程朱之解援而借之爲彼所

依附譬猶子孫未覩其祖父之貌者誤圖他人之貌爲其貌而事之所事固已之祖父也貌則非矣實得而貌不得亦何傷然他人則持其祖父之貌以冒吾宗而實誘吾族以化爲彼族此僕所由不得已而有疏證之作也破圖貌之誤以正吾宗而保吾族痛吾宗之久墜吾族之久散爲他族敢少假借哉宋儒僅改其指神識者以指理而餘無所改其解孔孟之言體狀復與彼相似如大學章句於在明明德中庸章句於不顯維德尤渾合幾不可分足下遂援上天之載無聲無臭爲心宗之大源於宋儒之雜用老氏尚無欲及莊周書言復其初

者而申之曰無欲誠也湯武反之復其初之謂也僕愛大戴禮記曰分於道謂之命道即陰陽氣化故可言分惟分也故成性不同一語而易稱一陰一陽之謂道中庸稱天命之謂性孟子辨別犬之性牛之性人之性之不同豁然通貫而足下舉維天之命於穆不已以爲不得而分此非語言之能空論也宜還而體會六經孔孟之書本文云何詩曰予懷明德對不大聲以色而言大學之明明德以明德對民而言皆德行行事人咸仰見如日月之懸象著明故稱之曰明德倘一事差失則有一事之掩虧其由近而遠積盛所被顯明不已故曰明

明德曰明明德於天下詩之不顯不承即書之丕顯丕承古字丕通用不大也中庸言聲名洋溢乎中國其言闇然也與日章並言何必不欲大顯而以幽深玄遠爲至夫晝日當空何嘗有聲臭以令人知而疇不知之不可引上天之載無聲臭以言其至乎上天之載二語在詩承駿命不易言鄭箋云天之道難知也耳不聞聲音鼻不聞香臭儀法文王之事則天下咸信而順之在中庸承化民之德言不假聲臭以與民接也談老釋者有取於虛靈不昧人欲所蔽本體之明幽深玄遠至德淵微不顯之妙等語與其心宗相似不惟大學中庸本文

差以千里即朱子所云雖失大學中庸之解而其指歸究殊又詩書中凡言天命皆以王者受命於天爲言天之命王者不已由王者仁天下不已中庸引維天之命於穆不已於乎不顯文王之德之純其取義也主於不已以見至誠無息之配天地於穆者美天之命有德深遠也譬君之於賢臣一再錫命惓惓不已美君之能任賢者豈不可歎其深遠引之者豈不可曰此君之所以爲君也凡命之爲言如命之東則不得而西皆有數以限之非受命者所得踰試以君命言之有小賢而居上位有大賢而居下位各受君命以居其位此命數之得

稱曰君命也君告誡之使恭其事而夙夜兢惕務盡職焉此教命之得稱曰君命也命數之命限於受命之初而尊卑遂定教命之命其所得爲視其所能可以造乎其極然盡職而已則同屬命之限之命之盡職不敢不盡職如命之東不敢不赴東論氣數論理義命皆爲限制之名譬天地於大樹有華有實有葉之不同而華實葉皆分於樹形之鉅細色臭之濃淡味之厚薄又華與華不同實與實不同葉與葉不同一言乎分則各限於所分取水於川盈罍盈瓶盈缶凝而成冰其大如罍如瓶如缶或不盈而各如其淺深水雖取諸一川隨時與

地味殊而清濁亦異由分於川則各限於所分人之得於天也雖亦限於所分而人人能全乎天德以一身譬之有心有耳目鼻口手足鬚眉毛髮惟心統其全其餘各有一德焉故記曰人者天地之心也瞽者心不能代目而視聾者心不能代耳而聽是心亦限於所分也飲食之化爲營衛爲肌髓形可并而一也形可益形氣可益氣精氣附益神明自倍散之還天地萃之成人物與天地通者生與天地隔者死以植物言葉受風日雨露以通天氣根接土壤肥沃以通地氣以動物言呼吸通天氣飲食通地氣人物於天地猶然合如一體也體有

貴賤有小大無非限於所分也心者氣通而神耳目鼻口者氣融而靈會于曰陽之精氣曰神陰之精氣曰靈神靈者品物之本也易曰精氣爲物游魂爲變是故知鬼神之情狀精氣爲物者氣之精而凝品物流形之常也游魂爲變者魂之游而存其形敝而精氣未遽散也變則不可窮詰矣老莊釋氏見於游魂爲變之一端而昧其大常見於精氣之集而判爲二本莊周書曰一受其成形不亡以待盡釋氏人死爲鬼鬼復爲人之說同此周又曰其形化其心與之然可不謂大哀乎老氏之長生久視釋氏之不生不滅無非自私無非哀其滅而

已矣故以無欲成其私孟子曰廣土衆民君子欲之又曰欲貴者人之同心也又曰魚我所欲也熊掌亦我所欲也生亦我所欲也義亦我所欲也在老釋皆無之而獨私其遊魂而哀其滅以豫爲之圖在宋儒惑於老釋無欲之說謂義亦我所欲爲道心爲天理餘皆爲人心爲人欲欲者有生則願遂其生而備其休嘉者也情者有親疏長幼尊卑感而發於自然者也理者盡夫情欲之微而區以別焉使順而達各如其分寸豪釐之謂也欲不患其不及而患其過過者狃於私而忘乎人其心溺其行慝故孟子曰養心莫善於寡欲情之當也患其

不及而亦勿使之過未當也不惟患其過而務自省以救其失欲不流於私則仁不溺而爲慝則義情發而中節則和如是之謂天理情欲未動湛然無失是謂天性非天性自天性情欲自情欲天理自天理也足下援程子云聖人之常情順萬事而無情故君子之學莫若廓然而大公物來而順應謂無欲在是請援王文成之言證足下所宗主其言曰良知之體皦如明鏡妍媸之來隨物見形而明鏡曾無留染所謂情順萬事而無情也無所住以生其心佛氏曾有是言明鏡之應妍者妍媸者媸一照而皆眞卽是生其心處妍者妍媸者媸一過

而不留即是無所住處程子說聖人陽明說佛氏故足下援程子不援陽明而宗旨則陽明尤親切陽明嘗倒亂朱子年譜謂朱陸先異後同陸王主老釋者也程朱闢老釋者也今足下主老釋陸王而合孔孟程朱與之爲一無論孔孟不可誣程朱亦不可誣抑又變老釋之貌爲孔孟程朱之貌恐老釋亦以爲誣已而不願老氏曰唯之與阿相去幾何善之與惡相去何若告子曰性無善無不善也義外也非內也釋者曰不思善不思惡時認本來面目陸子靜曰惡能害心善亦能害心王文成曰無善無惡心之體凡此皆不貴善也何爲不貴善

責其所私而哀其滅雖逐於善亦害之也今足下言之則語益加密曰形有生滅神無方也妙萬物也不可言生滅又曰無來去無內外引程子天人本無二不必言合證明全體因名之曰無聲無臭之本謂之爲天命之不已而以至誠無息加之謂之爲天道之日新而以止於至善加之請援王文成之言證足下所宗主其言曰夫良知一也以其妙用而言謂之神以其流行而言謂之氣又曰本來面目卽吾聖門所謂良知隨物而格是致知之功佛氏之常惺惺亦是常存他本來面目耳體段功夫大略相似陽明主扞禦外物爲格物隨物而格

所謂遏人欲也常惺惺朱子以是言存天理以是解中庸戒慎恐懼實失中庸之指陽明得而借中庸之言以寄託本來面目之說曰養德養身止是一事果能戒慎不睹恐懼不聞而專志於是則神住氣住精住而仙家所謂長生久視之說亦在其中矣莊子所謂復其初釋氏所謂本來面目陽明所謂良知之體不過守己自足既自足必自大其去中庸擇善固執博學審問慎思明辨篤行何啻千萬里孟子曰反身而誠樂莫大焉曰反身不誠不悅於親矣中庸孟子皆曰不明乎善不誠乎身矣今舍明善而以無欲爲誠謬也證心宗者未嘗不

可以認本來面目爲明乎善此求伸其說何所不可老子告子視善爲不屑爲猶能識善字後之宗之者并善字假爲已有實并善字不識此事在今日不惟彼所謂道德非吾所謂道德舉凡性與天道聖智仁義誠明以及曰善曰命曰理曰知曰行無非假其名而易其實反身不誠言事親之道未盡也反身而誠言備責於身者無不盡道也孟子曰堯舜性之也湯武身之也五霸假之也久假而不歸惡知其非有也性之由仁義行也身之仁義實於身也假之假仁義之名以號召天下者久則徒知以仁義責人而忘己之非有又曰堯舜性者也

湯武反之也下言動容周旋中禮者盛德之至也申明性者如是言哭死而哀非爲生者也經德不回非以干祿也言語必信非以正行也君子行法以俟命而已矣皆申明反之謂無所爲而爲乃反而實之身若論復其初何用言非爲生者非以干祿非以正行而且終之曰俟命其爲反身甚明各覈本文悉難假借足下所主者老莊佛陸王之道而所稱引盡六經孔孟程朱之言誠愛其實乎則其實遠於此如誤以老莊佛陸王之實爲其實則彼之言親切著明而此費遷就傅合何不示以親切著明者也誠借其名乎則田王孫之門猶有梁丘

賀在況足下閱朱子荅何叔京二書必默然之及程朱闢老釋必不然之而至於借助則引程朱爲同乎已然則所取者程朱初惑於釋氏時之言也所借以助已者或其前之言或其後之似者也所愛者釋氏之實也愛其實而棄其名借其名而陰易其實皆於誠有虧足下所云學問之道莫切於審善惡之幾嚴誠僞之辨請從此始倘亦如程朱之用心期於求是不襍以私則今日同乎程朱之初異日所見或知程朱之指歸與老釋陸王異然僕之私心期望於足下猶不在此程朱以理爲如有物焉得於天而具於心啟天下後世人人凭在已

之意見而執之曰理以禍斯民更淆以無欲之說於得理益遠於執其意見益堅而禍斯民益烈豈理禍斯民哉不自知爲意見也離人情而求諸心之所具安得不以心之意見當之則依然本心者之所爲拘牽之儒不自知名異而實不異猶貿貿爭彼此於名而輒蹈其實敏悟之士覺彼此之實無異雖指之曰沖漠無朕究不得其彷彿不若轉而從彼之確有其物因卽取此以賅之於彼嗚呼誤圖他人之貌者未有不化爲他人之實者也誠虛心體察六經孔孟之言至確然有進不惟其實與老釋絕遠卽貌亦絕遠不能假託其能假託者後

儒失之者也是私心所期於足下之求之耳日間因公私紛然於來書未得從容具論大本苟得自然條分理解意言難盡涉及一二草草不次南旋定於何日十餘年願交之忱得見又不獲暢鄙懷伏惟自愛震頓首

孟子字義疏證卷下終